船舶电力系统脆弱性综合评估的理论与方法

叶志浩　梅　丹　王公宝　著

科学出版社

北京

内 容 简 介

船舶电力系统脆弱性综合评估能够在船舶电力系统设计之初有效地规避系统的脆弱环节，提高设计工作的科学性，具有十分重要的理论与实际意义。本书按照从基础到应用的层次结构安排，首先介绍电力系统脆弱性评估的一般方法；然后给出船舶电力系统薄弱环节辨识的理论与方法，研究元件可靠性对船舶电力系统脆弱性的影响，探讨结构脆弱性量化评估指标处理方法和指标权重确定等评估关键环节；接着研究船舶电力系统整体脆弱程度评估方法，实现船舶电力系统脆弱程度差异性的衡量；最后研究船舶电力系统结构性能优化的方法与算法，并提出科学、合理的系统结构性能优化策略，为提升船舶电力系统结构性能提供重要的理论支撑。

本书适合从事船舶电力系统论证与优化设计、电力系统脆弱性分析与评估等领域研究的科技人员学习与参考，也适合电气工程、军事运筹学等学科或专业的教师或研究生等阅读和使用。

图书在版编目（CIP）数据

船舶电力系统脆弱性综合评估的理论与方法/叶志浩，梅丹，王公宝著.
—北京：科学出版社，2021.12
ISBN 978-7-03-070918-9

Ⅰ.①船… Ⅱ.①叶…②梅…③王… Ⅲ.①船舶－电力系统－评估 Ⅳ.①U665

中国版本图书馆 CIP 数据核字（2021）第 258159 号

责任编辑：吉正霞 曾 莉／责任校对：高 嵘
责任印制：张 伟／封面设计：图阅盛世

科 学 出 版 社 出版
北京东黄城根北街 16 号
邮政编码：100717
http://www.sciencep.com
北京凌奇印刷有限责任公司印刷
科学出版社发行 各地新华书店经销
*
2021 年 12 月第 一 版 开本：787×1092 1/16
2025 年 7 月第三次印刷 印张：10 1/2
字数：242 000
定价：85.00 元
（如有印装质量问题，我社负责调换）

前　言

国内目前投运的船舶电力系统的结构相对简单，长期以来，相关设计工作主要依靠经验和定性分析，没有一套系统的方法对其结构性能进行综合的评估，更缺乏量化的评估方法。随着船舶日益大型化和自动化水平的提高，船舶用电设备的种类和数量不断增加，船舶电力系统容量日益增大，电力网络结构越来越复杂，特别是采用新设备和新结构的船舶综合电力系统的应用，更是给船舶电力网络的优化设计带来了不小的难度。传统的基于经验并结合工程校验的设计方法已逐渐显现出对现代大型船舶电力系统设计的不足，制约着船舶电力系统供电可靠性的提高。复杂网络理论研究为船舶电力系统设计开辟了一个全新的方向。2017 年，本书的合作作者、也是我协助指导的博士生梅丹完成了其博士论文《舰船电力系统综合脆弱性评估方法研究》，较系统地将复杂网络理论应用于船舶电力系统结构性能评估，初步建立了基于复杂网络理论的船舶电力系统脆弱性评估理论体系。特别是梅丹博士以其扎实的数学功底，提出了客观结合主观的多指标权重赋权方法，为船舶电力系统性能多层次、多目标评估指标的综合提供了理论支撑。

本书主要总结近年来我们在基于复杂网络理论的船舶电力系统脆弱性评估方面的科研成果，分为船舶电力系统脆弱环节辨识、船舶电力系统脆弱性评估、船舶电力系统结构性能优化三个方面。本书的 2~4 章介绍脆弱环节辨识，主要包括船舶电力系统脆弱性指标及指标优选（第 2、3 章）、考虑设备可靠性的脆弱性评估及基于综合评估指标的船舶电力系统脆弱环节辨识（第 4 章）；第 5 章主要介绍系统级脆弱性评估方法；第 6 章主要介绍在脆弱性评估结论基础上的系统结构性能优化策略，主要包括结构性能优化的目标、约束及优化步骤，以及基于变阶遗传算法的结构性能双层优化方法；第 7 章介绍提出的脆弱性评估方法在船舶电力系统论证中的应用实例。上述工作多来自我们近年的一些初步探索，远远未臻完善，与建立完整的理论体系和实用化方法尚有很大差距。虽然如此，我们仍然决定将这些不成熟的工作编纂成书，期望能将我们在船舶电力系统性能评估方面的研究心得呈现给读者，以期抛砖引玉。

感谢本书合作作者王公宝教授为我们在数学工具选择、应用上给予的指导和帮助，多年来，与王教授的交流研讨，启发了我们借助数学工具研究电气工程领域相关问题的思路。

感谢武汉大学樊友平教授、海军工程大学王刚研究员、黄靖副教授、冯杭老师、肖晗老师、吴楠老师在本书撰写过程中给予的大量帮助。

限于我们的研究视野和学术水平，书中难免存在疏漏和不足之处，敬请读者批评指正。

叶志浩

2020 年 12 月于武汉

目　　录

第 1 章

绪　　论

　　各种科学方法均是随着社会实践和科学研究的深入而产生与发展的。船舶电力系统脆弱性评估的理论与方法的形成和发展也是如此，都经历了由初期的自然产生到自觉地应用拓展，进而不断向深层次发展的阶段。

1.1 船舶电力系统概述

船舶电力系统是电源、配电网和用电负载所组成的完整体系的总称。随着船舶大型化和现代化水平的要求越来越高，船舶电力系统容量越来越大，其网络的拓扑结构也越来越复杂。

1.1.1 船舶电力系统的组成

船舶电力系统由以下4个部分组成。

1. 发电部分

发电部分也称为电源装置，船舶上常用的电源装置是发电机组和蓄电池。发电机由原动机拖动，原动机可分为蒸汽机、汽轮机和燃气轮机等。

2. 配电部分

配电部分也称为配电装置，其作用是对电源进行分配、切换、保护、监视、控制。船舶配电装置可以分为总配电板、应急配电板、动力分配电板、照明分配电板和蓄电池充放电配电板等。

3. 供电部分

供电部分也称为电网，它是全船供电电缆和电线的总称，其作用是将电能传送给全船所有用电设备。船舶电网通常由动力电网、照明电网、应急电网、低压电网和弱电电网等部分构成。

4. 用电部分

用电部分也称为负载。负载可以分为：①各种船舶机械的电力拖动设备；②船舶电气照明；③船舶通信和电航设备；④其他用电设备。

1.1.2 船舶电力系统形式的发展过程

对于不同用途、不同吨位的船舶，其电力系统有很大的差异。船舶按其所包含电站的数量、电源种类及其与船舶能源系统的连接形式可以分为以下几个发展过程。

1. 单电站电力系统

单电站电力系统除配备主电站保证船舶正常运行工况下各种用电设备的供电外，还设置停泊电站或应急电站，用以保证船舶处于低负荷、应急或其他特殊工况下部分电气设备的供电。单电站电力系统中常设置两台以上的发电机组，以便在一台发电机组发生故障时使用，常用于各种民用船舶和军用辅助船舶。

2. 多主电站电力系统

多主电站电力系统是指船舶上设有两个以上主电站的电力系统。这些电站分布在船舶比较安全的部位，保证电力系统具有较高的供电可靠性和较强的生命力。多主电站电力系统常用于战斗舰艇、核动力船或其他对供电可靠性有较高要求的船舶上。

3. 交流电力推进系统

交流电力推进系统采用电力推进代替原来的动力推进系统，是一种全新的系统。该系统并不是供电和电力推进两个系统的简单相加，而是从船舶能源高度通盘考虑，真正地使电力与动力两大系统全面融合。它可以实施高度的模块化和通用化，既能发挥电力推进的长处，又能提高电网供电的可靠性。

4. 交直流混合电力系统

直至目前，世界各国船舶电力系统多数还是交流系统。随着近年来船舶的大型化，对船舶电力系统的供电质量要求越来越高，交流系统的劣势慢慢暴露了出来。于是，交直流混合电力系统方面的探索与研究逐步开展。目前，直流区域配电技术已经成为国内外专家的重点研究对象，也是船舶综合电力系统今后的主要发展方向。

与交流系统相比，交直流混合电力系统有着更大优势：第一，交直流混合电力系统将发电机和电动机隔离，可以彻底解决两者之间的转速耦合问题，利于原动机和电动机的优化设计；第二，电流变换的电力电子器件比断路器更加敏捷，可提供有效的故障隔离和系统重构；第三，方便接入储能系统，为舰载高能武器的增加做准备。

新的电力系统形式还在不断涌现，船舶电力系统的形式和内容十分丰富，并不断地更新、发展、变化着。

1.2　电力系统脆弱性研究

脆弱性用来描述一个系统及其组成部分易于受到影响和破坏，并缺乏抗拒干扰、恢复其自身结构及功能的能力。电力系统脆弱性由 Fouad[1] 教授及其学生于 1994 年首次提出，他们利用神经网络的暂态能量函数分析电力网络的脆弱性。

针对陆地互联电力系统，近年来国内外众多学者开展了电力系统脆弱性的研究，脆弱性已成为电力系统安全性的一个重要方面。对于电力系统脆弱性的研究主要包括还原论[2]和系统论[3]两类方法。还原论方法先建立电网中各元件的精确数学模型，并在此基础上描述系统的整体特性[4]。但该方法在深入分析电力系统连锁故障和大面积停电机理等系统临界动力学行为方面已经表现出明显的局限性，难以揭示出系统的整体动态行为特征[5]。系统论方法则是将研究对象视为由若干要素以一定结构连接而成的具有某种功能的有机整体，包括系统、要素、结构和功能 4 个方面。该方法认为结构决定功能，即从结构的角度分析系统的功能。但系统组成设备的运行行为对系统的影响关注度不够。20 世纪 80 年代兴起的复杂性科学，特别是复杂网络理论，吸引了国内外许多科学工作者的注意，并在各学科领域得到了广泛的应用。复杂网络理论的研究思路是还原论和系统论两者兼顾的。一方面，复杂网络理论建立了实际网络的详细数学模型，遵循了还原论的基本观点；另一方面，复杂网络理论从整体上分析结构对网络性能的影响，遵循了系统论的基本观点。将复杂网络理论应用到陆地互联电网安全性的研究成果较为成熟，应用也较为广泛，主要集中在：从复杂网络拓扑角度建立电网静态或动态的拓扑模型并进行电网脆弱性分析；利用自组织临界性理论模拟、预测、优化控制系统的运行状态和演化趋势等。

基于复杂网络理论，对小世界网络模型和无标度网络模型等网络特性的研究和应用为探索电力系统的结构脆弱性提供了理论基础。结构脆弱性通常是指网络中某一单元退出运行（连锁故障模式）后，网络保持拓扑结构完整并正常运行的能力[6]。对于任一给定电力系统，其网络拓扑结构反映了系统内在本质的特征，从这一角度来看，结构脆弱性是电力系统固有脆弱性的反映。以复杂网络为理论基础的电力系统结构脆弱性评估，是从电力系统网络拓扑结构角度分析故障的传播机理，从网络中有选择地移去某个节点或某条线路，通过系统相关性能下降的程度来衡量该节点或线路的脆弱程度，进而对电力系统的脆弱性进行分析。从拓扑结构来看，网络脆弱性评估模型可以分为无权电力网络脆弱性评估模型和有权电力网络脆弱性评估模型。无权网络模型仅从拓扑结构角度对电力系统脆弱性进行评估，一定程度上反映了系统脆弱性的规律；有权网络模型通常将电力系统的电气特性等相关参数作为权重引入网络模型中，使得评估更加贴合实际。

1.3 船舶电力系统脆弱性评估的目的与任务

随着船舶大型化和现代化水平的要求越来越高，船舶电力系统容量越来越大，其网络拓扑结构也越来越复杂。重要用电设备对电能质量和供电连续性的要求不断提高，特别是采用新设备（电力电子变流设备）和新结构（直流区域配电结构）的船舶综合电力系统[7]的应用，更是给船舶电力系统结构的优化设计带来不小的难度。传统的基于经验并结合工程校验的设计方法已逐渐显现出适用于现代大型船舶综合电力系统设计的不足，并制约了船舶电力系统安全性的提高。如何对船舶电力系统的脆弱性开展合理有效的评估，在船舶电力系统设计之初就有效地规避系统的脆弱环节，提高设计工作的科学性，是船舶电力系统设计面临的新问题。

船舶电力系统有着以下不同的特点[8, 9]。

（1）在电力系统脆弱性研究中，系统脆弱环节的辨识是一项重要的研究内容。陆地互联电力系统利用复杂网络理论从系统结构寻找系统固有脆弱环节，通过系统中元件故障对系统的影响程度来进行排序和分析。而船舶电力系统中的电气设备处在船舶舱室这样一个特殊环境，其高盐、高湿、高温的特点会对设备可靠性产生较大影响。设备可靠性较差、故障率较高，容易造成与之相连的路径失效，从而成为系统中的脆弱环节。因此，船舶电力系统脆弱环节的辨识需要从网络拓扑结构和元件可靠性两个方面综合考虑，有必要建立考虑元件可靠性的船舶电力系统脆弱环节辨识模型。

（2）船舶电力系统相对陆地互联电力系统而言更新换代的速度较快，而且系统规模较小，有必要吸收先进的技术成果开展新的系统设计。这就使得在新的船舶电力系统设计之初，应该对船舶电力系统结构性能进行量化评估，而船舶电力系统的结构性能可以通过系统脆弱程度来反映，因此，对船舶电力系统脆弱程度进行整体量化评估能够比较不同系统结构性能的差异，为船舶电力系统优化设计提供理论指导。

（3）船舶处于恶劣的环境下时，电力系统可能会因损伤或设备本身的问题而发生故障，为保证船舶持续的生存能力，需要提升船舶电力系统的结构性能。系统结构性能的提升可以通过改善电力系统的网络拓扑结构和增加设备元件备品数的方式来完成。但是，船舶上的资源是有限的，不可能无限量地携带大量备品备件上船，而且网络节点设备的布置及节点之间的连接关系也需要考虑船舶的结构限制及操作代价，因此，有必要研究船舶电力系统拓扑网络结构和备件配置方案对船舶电力系统脆弱程度的影响，从网络结构优化和配置合理数量的备件这两个角度提出适用于船舶电力系统的结构性能优化策略，为提高船舶电力系统的安全性和设计工作的科学性提供理论依据。

综上所述，针对船舶电力系统的特点，利用复杂网络理论，开展船舶电力系统脆弱性综合评估具有重大的军事、经济与实用价值，可以为提升船舶电力系统结构性能提供重要的理论支撑。

本章参考文献

[1]　ZHOU Q，DAVIDSON J L，FOUAD A A. Application of artificial neural network in power system security and vulnerability assessment[J]. IEEE Transactions on Power Systems，1994，9（1）：525-532.

[2]　方锦清，汪小帆，刘曾荣. 略论复杂性问题和非线性复杂网络系统的研究[J]. 科技导报，2004，（2）：9-12，64.

[3]　许国志. 系统科学[M]. 上海：上海科技教育出版社，2000.

[4]　张伯明. 高等电力网路分析[M]. 北京：清华大学出版社，2000.

[5]　曹一家，陈彦如，曹丽华，等. 复杂系统理论在电力系统中的应用研究展望[J]. 中国电机工程学报，2012，32（19）：1-9.

[6]　林涛，范杏元，徐遐龄. 电力系统脆弱性评估方法研究综述[J]. 电力科学与技术学报，2010，25（4）：20-24.

[7]　马伟明. 舰船动力发展的方向——综合电力系统[J]. 海军工程大学学报，2002，14（6）：1-11.

[8]　孙诗南. 舰船电力系统的研究与设计[M]. 北京：国防工业出版社，1990.

[9]　王文义. 船舶电站[M]. 哈尔滨：哈尔滨工程大学出版社，2006.

第 2 章

基于复杂网络理论的电力系统
脆弱性分析

从复杂网络理论的角度来看，大部分的复杂系统可以抽象为节点之间相互作用的网络，而网络的结构决定系统的功能。电力系统作为世界上最复杂的人造系统之一，同样可以简化为一个由节点和边构成的网络，这一直以来都被作为复杂网络理论的重要研究对象。电力系统脆弱性评估主要以复杂网络理论为基础，通过对电力网络拓扑结构特性分析和故障模拟仿真来探索故障传播的机理，进而寻找电力网络结构本身固有的脆弱性[1-3]。对于给定的电力系统，其拓扑结构是唯一的，其结构脆弱性是电力系统固有脆弱程度的反映。

2.1　复杂网络理论

复杂网络理论的研究对象为实际或人造的复杂系统。这些复杂系统类型多样,包括生物网络、交通网络、电力网络和人际关系网络等。这些实际网络通常等效为由节点集 V 和边集 E 构成的图 $G = (V, E)$。

2.1.1　复杂网络的特征参数

人们在刻画复杂网络结构特性上提出了许多概念和方法,其中有三个基本特征参数,即平均路径长度、聚类系数、度与度分布。

1. 平均路径长度

网络中两个节点 i 与 j 之间的距离 d_{ij} 定义为连接这两个节点的最短路径上的边数。网络中的平均路径长度定义为

$$L = \frac{2}{N(N+1)} \sum_{i \geq j} d_{ij} \qquad (2.1.1)$$

式中:N 为网络节点。

2. 聚类系数

假设网络中的一个节点 i 有 k_i 条边将它和其他节点相连,这 k_i 个节点就称为节点 i 的邻居。显然,在这 k_i 个节点之间最多可能有 $k_i(k_i-1)/2$ 条边。而这 k_i 个节点之间实际存在的边数 E_i 与总的可能的边数 $k_i(k_i-1)/2$ 之比就定义为节点 i 的聚类系数 C_i,即

$$C_i = \frac{2E_i}{k_i(k_i-1)} \qquad (2.1.2)$$

整个网络的聚类系数 C 就是所有节点 i 的聚类系数 C_i 的平均值。

3. 度与度分布

度是单独节点的属性中简单而又重要的概念。节点 i 的度定义为与该节点连接的其他节点的数目。直观上,一个节点的度越大说明该节点在某种意义下越重要。网络中所有节点度的平均值称为网络的平均度。网络中节点的度的分布情况可以用分布函数来描述。

2.1.2　复杂网络模型

网络模型可以描述现实世界中大多数复杂系统，如规则网络和随机网络等。规则网络所能描述的系统范围较为有限；而随机网络的随机性却非常符合真实网络中的某些特性，只是对动态演化系统所表现出来的某些特性无法说明[4]。1998 年，沃茨（Watts）和斯特罗加茨（Strogatz）构造出小世界网络，它是一种介于规则网络与随机网络之间的网络。小世界网络是以某个很小的概率 p 切断规则网络中原始的边，并随机选择新的节点重新连接而得到的。此外，复杂网络模型还包括无标度网络和局域世界演化网络等。

1. 规则网络

任意两个节点之间都有边直接相连的网络称为全局耦合网络（globally coupled network）。在具有相同节点数的所有网络中，全局耦合网络具有最小的平均路径长度和最大的聚类系数。

大多数大型实际网络都是稀疏的，一个典型的稀疏的规则网络模型是最近邻耦合网络，其中每个节点只与其周围的邻居节点相连。具有周期边界条件的最近邻耦合网络包含 N 个围成一个环的点，其中每个节点都与其左右各 $K/2$（K 为偶数）个邻居节点相连。对较大的 K 值，最近邻耦合网络的聚类系数为 3/4，这样的网络是高聚类的。对固定的 K 值，该网络的平均路径长度为 ∞。

另外一个常见的规则网络是星形耦合网络（star coupled network），它有一个中心点，其余 $N-1$ 个点都只与这个中心点连接，而它们彼此之间不连接。星形网络的平均路径长度为 2，聚类系数为 1。

2. 随机网络

与完全规则网络相反的是完全随机网络，其中一个典型的模型是 ER 随机图模型。假设有大量纽扣散落在地上，并以相同的概率 p 给每对纽扣系上一根线。这样就会得到一个有 N 个节点、约 $pN(N-1)/2$ 条边的随机图的实例。

ER 随机图中的两个节点之间不论是否具有共同的邻居节点，连接概率都为 p。因此，ER 随机图的聚类系数远小于 1，这意味着大规模的稀疏 ER 随机图没有聚类特性。而现实中的复杂网络一般都具有明显的聚类特性，即实际的复杂网络的聚类系数比相同规模的 ER 随机图的聚类系数大得多。

3. 小世界网络

小世界网络是从完全规则网络向完全随机网络的过渡，是 1998 年由沃茨和斯特罗加茨研究构造出来的，称为 WS 小世界模型。WS 小世界模型的构造算法如下。

（1）从规则网络开始。考虑一个含有 N 个节点的最近邻耦合网络，它们围成一个环，其中每个节点都与其左右相邻的各 $K/2$（K 为偶数）个节点相连。

（2）随机化重连。以概率 p 随机地重新连接网络中的每个边，即将边的一个端点保持不变，而另一个端点取为网络中随机选择的一个节点。其中规定，任意两个不同的节点之间至多只能有一条边，并且每个节点都不能有边与自身相连。

由上述算法得到的网络模型的聚类系数和平均路径长度都可视为重连概率 p 的函数。当 p 较小时，重新连线后得到的网络与原始的规则网络的局部属性差别不大，从而网络的聚类系数变化也不大，但其平均路径长度却下降得很快。小世界网络具有较短的平均路径长度，又具有较高的聚类系数。

4. 无标度网络

无标度网络是指节点的连接度没有明显的特征长度的网络，其连接度分布函数具有幂律形式。为了解释幂律分布产生的机理，巴拉巴西（Barabasi）和艾伯特（Albert）提出了无标度网络模型，发现了无标度网络的增长特性和优先连接特性。基于网络的增长特性和优先连接特性，BA 无标度网络模型的构造算法如下。

（1）增长。从一个具有 m_0 个节点的网络开始，每次引入一个新的节点，并且连到 m 个已存在的节点上，这里 $m \leqslant m_0$。

（2）优先连接。一个新节点与一个已经存在的节点 i 相连接的概率 p_i 与节点 i 的度 k_i、节点 j 的度 k_j 之间满足 $p_i - k_i / \sum_j k_j$。

无标度网络具有小世界特性，当网络规模充分大时不具有明显的聚类特征。

5. 局域世界演化网络

人们在实际的研究中发现，诸多的复杂网络中存在着局域世界。由于局域世界连接性的存在，每个节点都有各自的局域世界，它们只占有和使用整个网络的局部连接信息。局域世界演化网络模型[5]就是用来描述这种情形的。

局域世界演化网络模型的构造算法如下。

（1）增长。网络初始有 m_0 个节点和 e_0 条边。每次新加入一个节点和附带的 m 条边。

（2）局域世界优先连接。随机地从网络已有的节点中选取 M（$M \geqslant m$）个节点作为新加入节点的局域世界。新加入的节点根据优先连接概率 $P_{\text{Local}}(k_i) = P'(i \in \text{LW}) \dfrac{k_i}{\sum_j k_j} =$

$\dfrac{M}{m_0 + t} \cdot \dfrac{k_i}{\sum_j k_j}$ 来选择与局域世界中的 m 个节点相连，其中 LW 由新选的 M 个节点组成。

该模型中，在每一时刻，新加入的节点从局域世界中按照优先连接原则选取 m 个节点来连接，而不是像无标度模型那样从整个网络中来选择。构造一个节点的局域世界的法则因实际不同的局域连接性而不同。

2.1.3 复杂网络的两个重要特性

1. 无标度特性

在复杂网络理论中，描述网络中节点的度分布主要有泊松（Poisson）分布和幂律

（power law）分布两种。完全随机网络的度分布近似于泊松分布，也称为均匀网络。实际中存在着与度分布和泊松分布有着明显区别的网络，这些网络的度分布是用幂律分布来描述的，幂律分布也称为无标度（scale-free）分布。度分布为幂律分布的网络称为非均匀网络，也称为无标度网络。

无标度网络中存在着少量度相对很大的节点，其余大部分节点度相对较小。无标度网络对随机攻击具有较好的鲁棒性，而对于智能攻击，特别是连续攻击度相对较大的节点，会表现出一定的脆弱性。

2. 小世界特性

规则网络具有较小的聚类系数和较大的平均路径长度，随机网络则具有较小的聚类系数和较小的平均路径长度。小世界网络是规则网络向随机网络的过渡，与具有相同节点数和平均节点度数的随机网络相比，小世界网络具有较大的聚类系数和大于或等于平均路径长度的统计特性，这一特性称为小世界特性。

对复杂网络小世界特性的研究具有十分重要且深远的意义。从网络动力学的角度来看，小世界网络本身特有的较高聚类系数和较小平均路径长度的特性使得信息、能量和故障等在小世界网络上可以迅速传播开来。例如，在具有小世界特性的电力网络中，如果一个节点发生了故障，那么故障不仅影响与该节点相邻的节点，而且能够导致其他非邻近节点发生故障并引起连锁反应，最终导致整个电力网络发生大规模连锁故障。随着平均路径长度的减小，电力网络的脆弱性显著上升，小世界电网所特有的较小平均路径长度和较高聚类系数等特性，对电力网络连锁故障的传播起着推波助澜的作用。

2.2　复杂网络重要节点辨识

重要节点在网络中具有相对重要的作用，并且会对网络的运行行为产生重要影响。因此，有效识别复杂网络中节点的重要度不仅有利于理解网络结构与运行行为之间的关系，而且能够为辨识出电力系统的脆弱环节提供理论依据。

从复杂网络角度寻找电力系统脆弱环节的方法主要分为两类：一类是社会网络分析法，另一类是系统科学分析法。

2.2.1　社会网络分析法

社会网络分析法是通过节点元件的重要性来辨识节点的脆弱性，而节点的重要性是通过节点在网络中的位置信息和连接方式来描述的。

社会网络分析法认为，节点的重要性等价于该节点与其他节点的连接而使其具有的显著性。其基本思想是从节点本身出发，衡量其在网络中所处位置的重要性。网络中不同节点之间的重要性差异是通过分析网络中某种有用的信息得到的，如度中心性[6]、介数中心性[7]、偏心率中心性[8]、紧密度中心性[9]、半局域中心性[10]和全面节点量化距离[11]等。通过对这些基本属性的统计与计算，能相对定量地反映节点在网络中的位置特性，在电力系统复杂网络特征模型下，节点的重要性能够一定程度地辨识节点的脆弱性，并且具有良好的计算性能。从社会网络分析法来看，常用的脆弱性评估指标如下。

1. 节点度数

节点度数是指与该节点连接的边数。节点度数指标主要描述节点的位置信息，表明节点与其他节点的通信能力。节点度数指标值越大，表明该节点在网络中越重要，它是效益型指标。节点度数 k_i 定义为

$$k_i = n_i \qquad (2.2.1)$$

式中：n_i 为与节点 i 相连的节点数目。

2. 节点接近度

节点接近度是指节点到其他所有节点距离之和的倒数。节点接近度指标反映了节点在网络中居于中心的程度，在网络中最中心的节点上产生的消息将以最短的时间传遍整个网络。节点接近度越大，表明该节点越居于网络的中心，在网络中就越重要，它是效益型指标。节点接近度 c_i 定义为

$$c_i = \frac{1}{\sum_{j=1}^{N} d_{ij}} \qquad (2.2.2)$$

式中：d_{ij} 为节点 i 与 j 之间的最短路径。

3. 节点介数

节点介数是指网络中通过该节点的最短路径的数目。节点介数指标反映节点在整个网络中的重要程度，指标值越大，表明该节点在网络中承担的传输任务越重，在网络中越重要，它是效益型指标。节点介数 $B(i)$ 定义为

$$B(i) = \sum_{w \neq w'} \frac{\sigma_{ww'}(i)}{\sigma_{ww'}} \qquad (2.2.3)$$

式中：对于 $w \neq w'$ 且 $w, w' \neq i$ 的所有节点对，$\sigma_{ww'}$ 为节点 w 与 w' 之间的最短路径数目，$\sigma_{ww'}(i)$ 为 w 与 w' 之间经过 i 的最短路径数目。

4. 节点效率

节点效率是指节点 i 与网络中其他节点之间距离倒数之和的平均值。节点效率指标表达该节点到网络中其他节点的平均难易程度，体现该节点对网络资源的控制能力。网络中节点效率值越高，表明该节点向其他节点传输信息越容易，该节点在网络资源传输过程中的位置越重要，它是效益型指标。节点效率 E_i 定义为

$$E_i = \frac{1}{N-1} \sum_{j=1, j \neq i}^{N} \frac{1}{d_{ij}} \qquad (2.2.4)$$

式中：N 为网络中节点数目；d_{ij} 为节点 i 与 j 之间的最短路径。

2.2.2 系统科学分析法

系统科学分析法通过破坏网络拓扑结构来分析网络连通性的变化情况，并进一步度量网络节点的重要程度。该方法侧重于用系统连通性水平等指标来衡量节点的脆弱性。这类节点重要度评估方法的代表性方法主要有最短路径法[12, 13]、最小生成树数目的节点删除法[14]和节点收缩法[15]等。

系统科学分析法认为，脆弱性等价于节点被删除后对网络的破坏性。系统中节点的删除除对系统连通性产生破坏外，还会影响到系统的一些其他性能指标，通过计算这些性能指标的变化可以度量节点的脆弱性。从系统科学分析法来看，常用的脆弱性评估指标如下。

1. 网络凝聚度

网络凝聚度以节点收缩理论为基础，它是指将与节点 i 相连接的 k_i 个节点都与节点 i 融合，即将周围的 k_i 个节点"凝聚"成一个节点。节点的网络凝聚度指标反映节点对网络的影响程度，网络凝聚度指标值越大，说明节点收缩后网络将越好地凝聚在一起，它是效益型指标。网络凝聚度 $\alpha(G)$ 定义为

$$\alpha(G) = \frac{1}{N \sum_{i \neq j \in G} \frac{d_{ij}}{N(N-1)}} = \frac{N-1}{\sum_{i \neq j \in G} d_{ij}} \tag{2.2.5}$$

式中：N 为网络中节点数目；d_{ij} 为节点 i 与 j 之间的最短路径。

2. 最大连通子图规模

最大连通子图规模以节点元件故障后网络连通性的变化为基础，考虑元件退出运行后对系统连通能力的影响，反映节点的脆弱性。最大连通子图规模指标表明节点故障对整个系统造成影响的严重程度，指标值越小，说明故障影响越严重，它是成本型指标。最大连通子图规模 G_i 定义为

$$G_i = \frac{N'}{N} \tag{2.2.6}$$

式中：N 为节点 i 故障前网络的总节点数；N' 为节点 i 故障后网络的最大连通子图的节点数。

2.3　电力系统脆弱性评估网络模型

电力系统的脆弱性包括元件级和系统级两个层面。元件级脆弱性是指电力系统中存在的脆弱环节，脆弱环节的辨识是通过系统中元件故障对系统造成的影响程度进行分析和排序。系统级脆弱性在电力系统发生故障时才会显露出来，并表现为系统是否具有保持稳定运行和正常供电的能力。

基于复杂网络理论，对小世界网络模型和无标度网络模型等网络特性的研究和应用为探索电力系统的结构脆弱性提供了理论基础[16]。从拓扑结构的模型来看，以复杂网络理论为基础的电力系统结构脆弱性评估可以分为无权电力网络脆弱性评估模型和有权电力网络脆弱性评估模型。

2.3.1　无权网络模型

文献[17]将电力系统抽象为节点和边组成的拓扑网络，定性研究了网络平均路径长度对电力系统脆弱性的影响。平均路径长度越小，系统脆弱性上升趋势越明显。平均路径长度反映了电力系统故障传播的深度，而聚类系数则反映了故障传播的广度。文献[18]基于网络平均路径长度构造了性能评估指标，通过节点失效对网络性能的影响辨识出系统的脆弱环节。文献[19]基于小世界模型提出了大型电网脆弱性的综合算法，并对电网的拓扑建模、基本特征参数的统计，以及故障模拟与脆弱性评估等各部分的独立算法进行了设计。文献[20]说明了电网中存在少量节点或线路，其介数指标远远大于其他节点或线路。介数指标下节点或线路的移除会导致最短路径的重新分布，继而引发系统的连锁故障。

无权网络模型忽略支路阻抗的影响，从网络拓扑结构角度对系统脆弱性进行评估，在一定程度上反映出系统脆弱性的规律。

2.3.2　有权网络模型

为了更合理地对电力系统脆弱性进行评估，许多学者综合考虑系统运行参数和网络结构对电力系统的脆弱特性，提出了考虑权重因素的脆弱性评估模型。

1. 考虑电气特性的有权模型

考虑权重因素的脆弱性评估模型大多是从电力网络运行参数和网络结构角度来对电力系统的脆弱特性进行研究，其权重因子大多数考虑的是节点或线路的电气特性。

文献[21]提出了基于线路电抗的加权小世界模型。研究发现，小世界电网对关键节点的依赖性远大于对普通节点的依赖性，提高线路容量不能从根本上改变其本身固有的结构脆弱性。文献[22]基于复杂网络理论，考虑节点在系统拓扑结构图中的分布特性和电网的电气特征，选取线路的电抗作为权重参数，建立了电网有权拓扑模型。文献[23]提出了互补性脆弱度指标集和一种输电线路脆弱度评估方法，能够快速全面地评估线路故障的严重性。该方法可以从全局角度定量分析线路故障对全网有功功率传输的影响，也可从局部变化量指标衡量局部无功功率平衡受影响的程度。文献[24]提出了一种兼顾元件的运行状态与其结构特征的电网脆弱性评估思想，将两种脆弱性因子相乘作为电网脆弱性评估指标。文献[25]提出了输电线路电气介数的概念，并将其用于电力系统关键线路的辨识。该方法克服了加权介数模型假设母线间潮流只沿最短路径流动的不足，物理背景更符合电力系统的实际情形。文献[26]提出了一种基于保护脆弱度的加权拓扑模型，用此模型对电网脆弱性进行评估，基于保护脆弱度的评估方法既可以保持复杂网络理论在结构分析方面的优势，又能体现电力系统的特有属性。文献[27]结合复杂网络的网络测度模型建立了电力系统加权网络测度模型。该模型不仅考虑了元件在网络结构中的重要性，而且能够反映系统实际潮流的分布情况，并据此研究系统元件的重要度。文献[28]提出了网络节点电气耦合连接度的概念，在电网脆弱性分析中综合考虑了节点之间的电气耦合作用，更贴合电力系统实际，指出了电网内在本质的异质结构特性。文献[29]将电气距离、输配电系数（power transmission distribution factors，PTDF）和线路传输容量极限与经典复杂网络特征指标相结合，提出了一种考虑电力系统运行特性的介数指标，可以有效识别出电网中的重要环节。文献[30]在文献[29]的基础上将改进的介数指标与系统输电能力相结合来识别电网关键环节。文献[31]提出了一种考虑权重的脆弱性指标，将各输电元件介数作为脆弱性指标权重用于电力系统静态安全分析。

2. 考虑可靠性的有权模型

目前已有学者将可靠性作为权重因子融入电力系统脆弱性评估中。文献[32]基于运行可靠性模型对连锁故障进行了模拟，用来辨识系统脆弱环节。文献[33]结合 $N-1$ 可靠性检验原则，采用节点电气介数定义可靠性损失指标和可靠度指标，将可靠度与可观度相结合对量测系统进行了配置与优化。文献[34]在考虑电力系统元件可靠性参数的同时，结合复杂网络理论中衡量结构脆弱性的指标，对电网的脆弱程度进行了评估。文献[35]针对复杂网络理论研究电网节点脆弱性时存在的局限性，在考虑船舶电力网络结构脆弱性的基础上，将源与负载之间连接路径的可达性叠加到船舶电网的综合脆弱性中，并利用多属性决策方法，提出了基于主客观赋权法相结合的综合权重自适应获取模型。

2.4　船舶电力系统网络特性分析

针对陆地互联电力系统，国内外众多学者开展了电力系统脆弱性的研究，脆弱性已成为电力系统安全性的一个重要方面。相比于陆地电力系统，船舶电力系统有着不同的特点。船舶电力系统的网络拓扑结构是其所具有的内在特性，从船舶电力网络拓扑结构角度出发，基于复杂网络理论对船舶电力系统的网络拓扑特性进行分析，可以为后续船舶电力系统脆弱性分析奠定基础。

2.4.1　船舶电力系统拓扑网络结构模型

对于不同系统的研究应基于该网络本身固有的特性，这样才能为后续的分析提供准确、合理的依据。将电能从发电机输送到负荷是船舶电力网络所担负的作用，按照功能它可以划分为供电网络和配电网络。一般来说，船舶电力系统拓扑结构可以分为辐射网结构、环形网结构和带状网结构三种类型[36]，如图2.1～图2.4所示。船舶电力系统主要由发电机、发电机配电板（generator switchgear，GS）、负荷中心配电板（load center，LC）、普通负荷（common load，CL）、重要负荷（important load，IL）和断路器等开关元件组成。

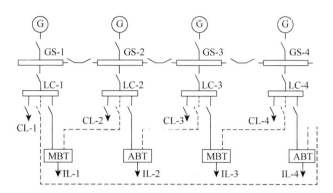

图 2.1　辐射网结构船舶电力网络示意图

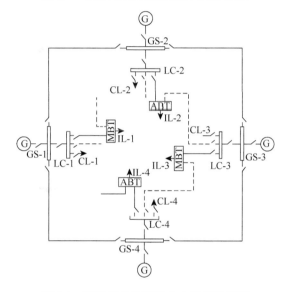

图 2.2　环形网结构船舶电力网络示意图

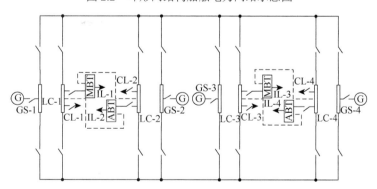

图 2.3　带状网结构船舶电力网络示意图（负荷中心双路连接）

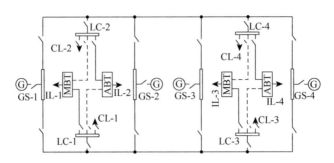

图 2.4　带状网结构船舶电力网络示意图（负荷中心单路连接）

结合船舶电力系统结构及运行特点，按照文献[37]的方法将发电机、主配电板和分配电板等电网元件等效为复杂网络模型中的节点，将电网元件之间的连接关系等效为复杂网络模型中的边，建立船舶电力系统网络拓扑模型。图 2.5 为复杂环形船舶电力系统结构示意图，图 2.6 为该电力系统对应的网络拓扑模型。图中：G 为发电机节点；S 为配电板节点；L 为负载节点；D 为发电机电缆节点；J 为跨接电缆节点；F 为馈线电缆节点[35]。

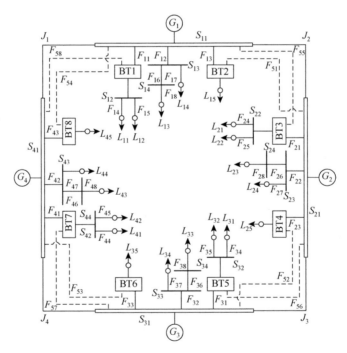

图 2.5　复杂环形船舶电力系统结构示意图

2.4.2　基于复杂网络理论的船舶电力系统网络特性分析

用邻接矩阵 A 来表示所构造的网络模型。矩阵 A 中元素 a_{ij} 为：当节点 i 与 j 不相连时 $a_{ij}=0$；当节点 i 与 j 相连时 $a_{ij}=1$。计算不同类型船舶电力系统网络的特征参数的步骤如下。

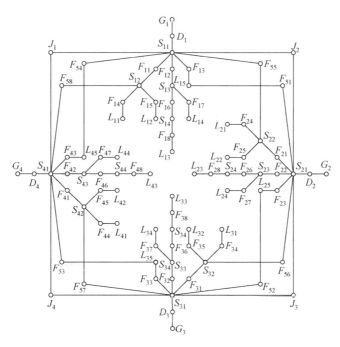

图 2.6　网络拓扑模型

（1）确定各电力系统网络节点数目。

（2）构造网络的邻接矩阵。

（3）计算网络的平均路径长度、聚类系数和平均度。

计算上述 5 种不同结构的船舶电力网络及某型舰的实际电力网络的特征参数，结果如表 2.1 所示。表中：N 为网络节点数；L 为平均路径长度；C 为聚类系数；K 为节点的平均度数。

表 2.1　船舶电力网络特征参数

特征参数	辐射结构	环形结构	带状双路	带状单路	复杂环形	某型舰
N	16	20	20	20	86	1 073
L	2.700 0	2.821 1	2.063 2	2.147 4	6.136 9	8.441 5
C	0	0	0.452 2	0.192 8	1.280 2	1.626 8
K	2.375 0	2.400 0	4.400 0	4.000 0	3.181 8	3.061 5

由表 2.1 中结果可知，船舶电力网络节点的平均度数较低，这是因为网络中存在着少数度数很大的节点，而大部分节点的度数却很小。由此可知，船舶电力网络属于典型的非均匀网络。

为了进一步判断船舶电网是否具有小世界特性，将计算得到的不同类型船舶电网的聚类系数和平均路径长度分别与具有相同节点数和节点平均度数的随机网络模型进行比较，结果如表 2.2 所示。表中：L_r 和 C_r 分别为具有相同节点数和平均节点度数的随机网络的平均路径长度和聚类系数，$L_r = \ln N / \ln K$，$C_r = K / N$。

表 2.2   船舶电网与随机网络的参数比较

电网类型	N	K	L	C	L_r	C_r
辐射结构	16	2.375 0	2.700 0	0	3.205 3	0.148 4
环形结构	20	2.400 0	2.821 1	0	3.421 9	0.120 0
带状双路	20	4.400 0	2.063 2	0.452 2	2.022 0	0.220 0
带状单路	20	4.000 0	2.147 4	0.192 8	2.161 0	0.200 0
复杂环形	86	3.181 8	6.136 9	1.280 2	3.848 4	0.037 0
某型舰	1 073	3.061 5	8.441 5	1.626 8	6.236 6	0.002 9

由表 2.2 可以看出：辐射结构、环形结构和带状单路这三种网络模型的平均路径长度小于与之相同节点数和平均节点度数的随机网络的平均路径长度 L_r，带状双路的 L 与 L_r 差别不大，而复杂环形电网和某型舰的实际电网的平均路径长度 L 均大于相应的 L_r。

辐射结构和环形结构的聚类系数为 0，带状双路、复杂环形电网和某型舰的实际电网的聚类系数都高出了等节点数等平均节点度数的随机网络模型。由此可以看到，辐射结构、环形结构和带状单路这三种网络模型不具备明显的小世界特性；带状双路、复杂环形电网和某型舰的实际电网的平均路径长度和聚类系数均大于等节点数等平均节点度数的随机网络模型，具有明显的小世界特性。

通过对六种不同类型的船舶电网的计算分析可知，船舶电力系统复杂网络属于典型的非均匀网络。当节点数量较小时，如辐射结构、环形结构、带状单路这三种网络模型不具备明显的小世界特性；随着节点数量增加，如复杂环形电网和某型舰的实际电网开始表现出明显的小世界特性。

本章参考文献

[1]   王凯. 基于复杂网络理论的电网结构复杂性和脆弱性研究[D]. 武汉：华中科技大学，2011.

[2]   汪小帆，李翔，陈关荣. 复杂网络理论及其应用[M]. 北京：清华大学出版社，2006.

[3]   LATORA S，MARCHIORI A. Attack vulnerability of scale-free networks due to cascading break down[J]. Physical Review E，2001，70（3）：5101-5114.

[4]   梅丹，王公宝，胡伟文，等. 基于复杂网络理论的电力系统脆弱性研究概述[J]. 电子设计工程，2014，22（6）：190-192.

[5]   LI X，CHEN G R. A local-world evolving network model[J]. Physica A：Statistical Mechanics and Its Applications，2003，328（1-2）：274-286.

[6]   ALBERT R，JEONG H，BARABASI A L. Internet：Diameter of the World-Wide Web[J]. Nature，1999，401：130-131.

[7]   FREEMAN L C. A set of measures of centrality based on betweenness[J]. Sociometry，1977：35-41.

[8]   HAGE P，HARARY F. Eccentricity and centrality in networks[J]. Social Networks，1995，17（1）：57-63.

[9]   SABIDUSSI G. The centrality index of a graph[J]. Psychometrika，1966，31（4）：581-603.

[10]   CHEN D B，LV L Y，SHANG M S，et al. Identifying influential nodes in complex networks[J]. Physica A：Statistical Mechanics and Its Applications，2012，391（4）：1777-1787.

[11]   HOU B N，YAO Y P，LIAO D S. Identifying all-around nodes for spreading dynamics in complex networks[J]. Physica A：Statistical Mechanics and Its Applications，2012，391（15）：4012-4017.

[12]   CORLEY H W，SHA D Y. Most vital links and nodes in weighted networks[J]. Operations Research Letters，1982，1（4）：157-160.

[13] NARDELI E，PROILETTI G，WIDMAYER P. Finding the Most Vital Node of a Shortest Path[J]. Theoretical Computer Science，2003，296（1）：167，177.

[14] 陈勇，胡爱群，胡啸. 通信网中节点重要性的评价方法[J]. 通信学报，2004，25（8）：129-134.

[15] TAN Y J，WU J，DENG H Z. Evaluation method for node importance based on node contraction in complex networks[J]. Systems Engineering—Theory & Practice，2006，11（3）：79-83.

[16] 林涛，范杏元，徐遐龄. 电力系统脆弱性评估方法研究综述[J]. 电力科学与技术学报，2010，25（4）：20-24.

[17] CHEN X G，JIANG Q Y，CAO Y J. Impact of characteristic path length on cascading failure of power grid[C]. International Conference on Power System Technology，2006：274-278.

[18] LATORA V，MARCHIORI M. Vulnerability and protection of infrastructure networks[J]. Physical Review E，2005，71（2）：015103.

[19] 丁明，韩平平. 基于小世界拓扑模型的大型电网脆弱性评估算法[J]. 电力系统自动化，2006，30（8）：7-10，40.

[20] 曹一家，陈晓刚，孙可. 基于复杂网络理论的大型电力系统脆弱线路辨识[J]. 电力系统自动化设备，2006，26（12）：1-5.

[21] 丁明，韩平平. 加权拓扑模型下的小世界电网脆弱性评估[J]. 中国电机工程学报，2008，28（10）：20-25.

[22] 谢琼瑶，邓长虹，赵红生，等. 基于有权网络模型的电力网节点重要度评估[J]. 电力系统自动化，2009，33（4）：21-24.

[23] 倪向萍，梅生伟，张雪敏. 基于复杂网络理论的输电线路脆弱度评估方法[J]. 电力系统自动化，2008，32（4）：1-5.

[24] 魏震波，刘俊勇，朱国俊，等. 基于电网状态与结构的综合脆弱评估模型[J]. 电力系统自动化，2009，33（8）：11-14.

[25] 徐林，王秀丽，王锡凡. 基于电气介数的电网连锁故障传播机制与积极防御[J]. 中国电机工程学报，2010，30（13）：61-68.

[26] 张海翔，吕飞鹏. 基于保护脆弱度加权拓扑模型下的电网脆弱性评估[J]. 中国电机工程学报，2014，34（4）：613-619.

[27] 苏慧玲，李扬. 从电力系统复杂网络特征探讨元件的脆弱性[J]. 电力系统自动化，2012，36（23）：12-17.

[28] 谭玉东，李欣然，蔡晔，等. 基于电气距离的复杂电网关键节点识别[J]. 中国电机工程学报，2014，34（1）：146-152.

[29] BOMPARD E，PONS E，WU D. Extended topological metrics for the analysis of power grid vulnerability[J]. IEEE System Journal，2012，6（3）：481-487.

[30] BOMPARD E，WU D，XUE F. Structural vulnerability of power systems: A topological approach[J]. Electric Power Systems Research，2011，81（7）：1334-1340.

[31] PANG C Z，KEZUNOVIC M. Static security analysis based on weighted vulnerability index[C]. Power Energy Society General Meeting，2011：1-6.

[32] 程林，刘满军，易俊，等. 基于运行可靠性模型的连锁故障模拟及薄弱环节分析[J]. 电网技术，2016，40（5）：1488-1492.

[33] 卢志刚，赵号，刘雪迎，等. 基于可靠度与可观度的量测优化配置研究[J]. 电工技术学报，2014，29（12）：180-187.

[34] 魏震波，刘俊勇，朱国俊，等. 基于可靠性加权拓扑模型下的电网脆弱性评估[J]. 电工技术学报，2010，25（8）：131-137.

[35] 梅丹，王公宝，叶志浩，等. 考虑元件可靠性的舰船电力网络综合脆弱性分析[J]. 电机与控制学报，2017，21（4）：70-74，82.

[36] 李红江，鲁宗相，王淼，等. 基于可靠性模型的船舶电网拓扑结构对比分析[J]. 电工技术学报，2006，21（11）：47-53.

[37] 梅丹，王公宝，叶志浩. 基于复杂网络理论的舰船电力网络脆弱性分析[J]. 海军工程大学学报，2015，27（3）：28-32.

第 3 章

基于多属性决策的船舶电力系统
脆弱性评估指标优选

　　船舶电力系统的网络拓扑结构是其所具有的内在特性，从船舶电力网络拓扑结构角度出发，对船舶电力系统的脆弱性进行量化评估，寻找适用于船舶电力系统脆弱性评估的指标，不仅可以反映它们对电力系统脆弱性的影响程度，还能为船舶电力系统结构的优化设计提供理论指导。从不同角度辨识电力系统节点脆弱性的指标很多，如何选取合适的脆弱性评估指标构成船舶电力系统脆弱性评估指标集是后续船舶电力系统综合脆弱性评估的前提。

3.1　系统脆弱性综合评估指标的选择与处理

当系统为单目标时，评估工作是容易进行的；但当系统为多目标时，这项工作就会变得困难起来。船舶电力系统在设计和论证环节的系统评估往往更为复杂，常常需要把评估对象在评估过程中涉及的众多因素先挑选出来，构成影响评估结果的评估体系，然后选择适用的系统综合评估方法进行分析与评估。

3.1.1　系统脆弱性综合评估指标的选择

1. 评估指标的选取原则

建立评估目标的指标体系，关键在于评估指标的选取。由于现实问题的复杂性，要科学、合理、系统地选取评估指标不仅需要熟练的专业知识，还要遵循一定的原则。根据实际经验的总结，一般来说，评估指标的选取应满足以下原则[1, 2]。

1）科学性原则

科学性原则是指以科学理论为指导，指标的选取应建立在对被评估系统进行科学研究的基础之上；定性分析与定量分析相结合，正确反映系统整体与内部相互关系的数量特征；既保证定性分析的科学性，又保证定量分析的精确性。

2）系统性原则

系统性原则是指指标的选取应使指标体系层次清楚、结构合理、相互关联、协调一致，应对影响评估目标的诸多因素进行系统考虑；指标体系应反映被评估目标的整体性能和综合情况，指标体系的整体评估功能大于各指标的简单总和；要抓住主要因素，既能反映直接效果，又能反映间接效果。

3）独立性原则

独立性是指评估指标之间是互不相关的。选取指标时，要尽量避免指标之间显而易见的交叉或包含关系；隐含的相关关系也要通过适当方法加以清除。独立性使得每个指标可以反映被评估目标的某一个方面，独立性越强，评估结果的可信度越大。

4）实用性原则

实用性原则是指评估指标涵义要明确，数据要规范，口径要一致，资料收集要可靠；指标设计要符合被评估目标的实际情况；评估指标的设计要有可操作性，便于在计算机上操作实现，原则上应从现有统计指标中产生。

5）层次性原则

层次性原则是指将复杂系统的评估问题分解，使分解出的各要素按不同属性分组，从而形成不同层次。同一层次的元素作为准则，既对下一层次的某些要素起支配作用，又受上一层次元素的支配，从而形成一个由支配关系确定的递阶层次结构。

6）简易性原则

简易性原则是指在确定层次结构时，层次数在满足问题要求的情况下应尽量少；每一层次中的指标个数也不宜多，尽量不超过 9 个。层次结构的简易程度直接决定评估结果的好坏。

2. 评估指标的选取方法

评估指标选取的方法很多，常见的有专家打分法、德尔菲（Delphi）法[3-5]、聚类分析法[6]和关联度法[7]等。

1）专家打分法

专家打分法克服了专家个人判断法的缺点，是将有关专家请到一起征求意见的一种方法。其优点在于占有的信息量大于单个专家的信息量；缺点在于容易出现符合多数观点的情况。

2）德尔菲法

德尔菲法最先是为进行预测而提出的，后来被广泛应用于各有关领域。该方法具有匿名性、反复性和收敛性的特点。

德尔菲法根据不同的研究目的，常与其他分析技术结合使用。当事件难以准确定量或无法定量时，整个评估过程常常含有许多不确定性和模糊性，专家们的评估结果只能给出一定的范围。这时可以采用集值统计方法处理每轮评估结果，与德尔菲法相结合进行轮间信息反馈，将定性评估问题转化为定量评估问题。当评估专家给出的评估结果是一个大致范围时，可以转化为一个区间估计值。集值统计每次试验得到的子集相当于专家的区间估计值 $[U_1, U_2]$。若有 k 个专家，则可得到一个集值统计序列 $[U_1^1, U_2^1], [U_1^2, U_2^2], \cdots, [U_1^k, U_2^k]$。该序列叠加起来形成评估轴上的一种分布，称为样本落影函数，记为 $\bar{X}(U)$，且

$$\bar{X}(U) = \frac{1}{n} \sum_{k=1}^{n} X[u_1^{(k)}, u_2^{(k)}](u) \tag{3.1.1}$$

式中：$X[u_1^{(k)}, u_2^{(k)}](u) = \begin{cases} 1, & u_1^{(k)} \leq u \leq u_2^{(k)}, \\ 0, & 其他。 \end{cases}$

据此，可得到评估值为

$$\bar{U} = \frac{\frac{1}{2} \sum_{k=1}^{n} [(u_2^{(k)})^2 - (u_1^{(k)})^2]}{\sum_{k=1}^{n} [u_2^{(k)} - u_1^{(k)}]}$$

3）聚类分析法

聚类分析法是数值分类学的基本内容，是对统计样本进行定量分类的一种多元统计分析方法。聚类试图将数据集中的样本划分为若干个通常是不相交的子集，每个子集称为一个簇。通过这样的划分，每个簇可能对应于一些潜在的类别。假定样本集 $D = \{x_1, x_2, \cdots, x_m\}$ 包含 m 个无标记样本，每个样本 $x_i = \{x_{i1}, x_{i2}, \cdots, x_{in}\}$ 是一个 n 维特征向量，则聚类算法将样本集 D 划分为 k 个不相交的簇 $\{C_l | l = 1, 2, \cdots, k\}$。用 $\lambda_j \in \{1, 2, \cdots, k\}$ 表示样本 x_j 的簇标记，即 $x_j \in C_{\lambda_j}$，则聚类的结果可以用包含 m 个元素的簇标记向量 $\lambda = \{\lambda_1, \lambda_2, \cdots, \lambda_m\}$ 表示。

（1）原型聚类。

原型聚类假设聚类结构能通过一组原型刻画，在现实聚类任务中极为常用。通常先对原型进行初始化，然后对原型进行迭代更新求解。给定样本集 $D = \{x_1, x_2, \cdots, x_m\}$，$k$ 均值算法针对聚类所得簇划分 $C = \{C_1, C_2, \cdots, C_k\}$ 最小化平方误差为

$$E = \sum_{i=1}^{k} \sum_{x \in C_i} \| x - \mu_i \|_2^2 \tag{3.1.2}$$

式中：$\mu_i = \dfrac{1}{C_i} \sum_{x \in C_i} x$ 为簇 C_i 的均值向量。

（2）密度聚类。

密度聚类假设聚类结构能通过样本分布的紧密程度确定，通常从样本密度的角度来考察样本之间的可连接性，并基于可连接样本不断扩展聚类簇以获得最终的聚类结果。

基于密度的噪声应用空间聚类（density-based spatial clustering of applications with noise，DBSCAN）是一种著名的密度聚类算法，它基于一组邻域参数来刻画样本分布的紧密程度。给定样本集 $D = \{x_1, x_2, \cdots, x_m\}$，定义如下概念。

① ε 邻域。对于 $x_j \in D$，其邻域包含样本集 D 中与 x_j 的距离不大于 ε 的样本，即 $N_\varepsilon(x_j) = \{x_i \in D \mid \mathrm{dist}(x_i, x_j) \leqslant \varepsilon\}$。

② 核心对象。若 x_j 的 ε 邻域至少包含 MinPts 个样本，即 $|N_\varepsilon(x_j)| \geqslant$ MinPts，则 x_j 是一个核心对象。

③ 密度直达。若 x_j 位于 x_i 的 ε 邻域中，且 x_i 是核心对象，则称 x_j 由 x_i 密度直达。

④ 密度可达。对于 x_i 和 x_j，若存在样本序列 $p_1, p_2, \cdots, p_n$（$p_1 = x_i, p_n = x_j$）且 p_{i+1} 由 p_i 密度直达，则称 x_j 由 x_i 密度可达。

⑤ 密度相连。对于 x_i 和 x_j，若存在 x_k 使得 x_i 和 x_j 均由 x_k 密度可达，则称 x_i 与 x_j 密度相连。

基于上述概念，DBSCAN 将簇定义为由密度可达关系导出的最大的密度相连样本集合。给定邻域参数 $(\varepsilon, \mathrm{MinPts})$，簇 $C \subseteq D$ 是满足以下性质的非空样本子集：

① 连接性，即 $x_i \in C$，$x_j \in C \Rightarrow x_i$ 与 x_j 密度相连；

② 最大性，即 $x_i \in C$，x_j 由 x_i 密度可达 $\Rightarrow x_j \in C$。

（3）层次聚类。

层次聚类是在不同层次对数据集进行划分，从而形成树形的聚类结构。数据集的划分可采用"自底向上"的聚合策略，也可采用"自顶向下"的分拆策略。

凝聚嵌套算法（agglomerative nesting，AGNES）是一种采用自底向上聚合策略的层次聚类算法。先将数据集中的每个样本视为一个初始聚类簇，然后在算法运行的每一步中找出距离最近的两个聚类簇进行合并，不断重复该过程，直至达到预设的聚类簇个数。其关键是计算聚类簇之间的距离。给定聚类簇 C_i 和 C_j，定义如下距离公式：

① 最小距离，即 $d_{\min}(C_i, C_j) = \min\limits_{x \in C_i, z \in C_j} \mathrm{dist}(x, z)$；

② 最大距离，即 $d_{\max}(C_i, C_j) = \min\limits_{x \in C_i, z \in C_j} \operatorname{dist}(x, z)$；

③ 平均距离，即 $d_{\text{avg}}(C_i, C_j) = \dfrac{1}{|C_i \| C_j|} \sum\limits_{x \in C_i} \sum\limits_{z \in C_j} \operatorname{dist}(x, z)$。

显然，最小距离由两个簇的最近样本决定，最大距离由两个簇的最远样本决定，而平均距离则由两个簇的所有样本共同决定。

4）关联度法

灰色关联度分析是一种多因素统计分析方法。该方法以各因素的样本数据为依据，用灰色关联度描述因素之间关系的强弱、大小和次序。如果样本数据反映出两因素变化的态势基本一致，那么彼此之间关联度较大；反之则较小。

按照曲线几何形状接近程度的思想来研究分析各因素之间的关联程度，可构造出多种关联度计算公式，常见的包括邓氏关联度、绝对关联度、相对关联度、斜率关联度、T型关联度和 B 型关联度等。

假设参考序列 $X_0 = \{x_0(t)\,(t = 1, 2, \cdots, n)\}$，比较序列 $X_i = \{x_i(t)\,(t = 1, 2, \cdots, n)\}\,(i = 1, 2, \cdots, m)$。

（1）邓氏关联度。

序列 X_i 与 X_0 在第 t 点的关联系数为

$$\varepsilon_{0i}(t) = \frac{\min\limits_t \min\limits_t |x_0(t) - x_i(t)| + \rho \max\limits_t \max\limits_t |x_0(t) - x_i(t)|}{|x_0(t) - x_i(t)| + \rho \max\limits_t \max\limits_t |x_0(t) - x_i(t)|} \tag{3.1.3}$$

则称 $\gamma_{0i} = \dfrac{1}{n} \sum\limits_{t=1}^{n} \varepsilon_{0i}(t)$ 为序列 X_i 与 X_0 的邓氏关联度，其中 $\rho \in (0, 1)$ 为分辨系数。

（2）绝对关联度。

设序列 X_i 与 X_0 长度相同，则 X_i 与 X_0 的绝对关联度为

$$\varepsilon_{0i}(t) = \frac{1 + |s_0| + |s_i|}{1 + |s_0| + |s_i| + |s_0 - s_i|} \tag{3.1.4}$$

式中：$s_0 = \int_1^n [X_0(t) - x_0(1)] \mathrm{d}t$；$s_i = \int_1^n [X_i(t) - x_i(1)] \mathrm{d}t$。

（3）相对关联度。

设序列 X_i 与 X_0 长度相同，且初值皆不为 0，X_0' 和 X_i' 分别为 X_0 和 X_i 的初值像，则称 X_0' 与 X_i' 的绝对关联度为 X_0 与 X_i 的相对关联度。

（4）斜率关联度。

序列 X_i 与 X_0 在 t 时刻的斜率系数为

$$\xi_{0i}(t) = \frac{1 + \left| \dfrac{1}{\overline{x}_0} \cdot \dfrac{\Delta x_0(t)}{\Delta t} \right|}{1 + \left| \dfrac{1}{\overline{x}_0} \cdot \dfrac{\Delta x_0(t)}{\Delta t} \right| + \left| \dfrac{1}{\overline{x}_0} \cdot \dfrac{\Delta x_0(t)}{\Delta t} - \dfrac{1}{\overline{x}_i} \cdot \dfrac{\Delta x_i(t)}{\Delta t} \right|} \tag{3.1.5}$$

式中：$\overline{x}_0 - \dfrac{1}{n} \sum\limits_{t=1}^{n} x_0(t)$；$\overline{x}_i = \dfrac{1}{n} \sum\limits_{i=1}^{n} x_i(t)$，$\Delta x_0(t) = x_0(t + \Delta t) - x_0(t)$；$\Delta x_i(t) = x_i(t + \Delta t) - x_i(t)$。

则称 $\varepsilon_i = \dfrac{1}{n-1}\displaystyle\sum_{t=1}^{n-1}\xi_{0i}(t)$ 为 X_i 与 X_0 在 t 时刻的斜率关联度。

（5）T 型关联度。

序列 X_i 与 X_0 在 t 时刻的灰色系数为

$$\xi_{0i}(t) = \mathrm{sgn}\{\Delta x_0(t)\cdot\Delta x_i(t)\}\cdot\frac{\min\{|\Delta x_0(t)|,|\Delta x_i(t)|\}}{\max\{|\Delta x_0(t)|,|\Delta x_i(t)|\}} \tag{3.1.6}$$

式中： $x_0(t) = \dfrac{x_0(t)}{\dfrac{1}{n-1}\displaystyle\sum_{t=2}^{n}|x_0(t)-x_0(t-1)|}$ ； $x_i(t) = \dfrac{x_i(t)}{\dfrac{1}{n-1}\displaystyle\sum_{t=2}^{n}|x_i(t)-x_i(t-1)|}$ ； $\Delta x_0(t) = x_0(t)-x_0(t-1)$ ，

$\Delta x_i(t) = x_i(t)-x_i(t-1)$ 。则称 $\gamma_i = \dfrac{1}{n-1}\displaystyle\sum_{t=2}^{n}\xi_{0i}(t)$ 为 X_i 与 X_0 在 t 时刻的 T 型关联度。

（6）B 型关联度。

序列 X_i 与 X_0 的 B 型关联度为

$$\xi_{0i}(t) = \frac{1}{1 + \dfrac{1}{n}d_{ij}^{(0)} + \dfrac{1}{n-1}d_{ij}^{(1)} + \dfrac{1}{n-2}d_{ij}^{(2)}} \tag{3.1.7}$$

式中： $d_{ij}^{(0)}(t) = \displaystyle\sum_{t=1}^{n}|x_i(t)-x_0(t)|$ ， $d_{ij}^{(1)}(t) = \displaystyle\sum_{t=1}^{n-1}|x_i(t+1)-x_0(t+1)-x_i(t)+x_0(t)|$ ， $d_{ij}^{(2)}(t) =$

$\displaystyle\sum_{t=2}^{n-1}|x_i(t+1)-x_0(t+1)-2[x_i(t)-x_0(t)]+[x_i(t-1)-x_0(t-1)]|$ 。

根据不同情况，可以选择不同的关联度公式求解各因素之间的关联度。

3.1.2　系统脆弱性综合评估指标的处理

不同的评估指标由于其属性不同，通常具有不同的量纲。为了实现船舶电力系统脆弱环节的辨识，需要对船舶电力系统各脆弱性评估指标进行归一化处理。一般来说，指标归一化主要包括量化定性指标、定量指标化为无量纲的归一化指标。

1. 定性指标的量化处理

定性指标的特点是没有测量数据和定量形式，或者数据很粗糙只能以定性形式表示，且大都存在一定的模糊性。因此，定性指标很难用经典的数学语言来描述，也很难用固定的尺度来度量。在对定性指标进行量化处理时，应比较客观地反映指标的实际情况，尽可能地将其分解成若干个可量化的分指标，对于实在不能分解的定性指标，在量化方法的处理上要尽量做到科学、合理，必要时还要借助模糊数学、灰色系统理论和物元分析方法等描述不确定现象的数学工具，以体现出该类指标的不确定性。对定性指标的量化处理上，常用的方法有以下几种。

1）等级法

等级法是一种传统方法，它有多种形式，如三级制、四级制和五级制。有时，各级之间又被分成两部分或三部分。等级法的优点是简便易行；缺点是粗略，标准不好掌握。

2）标度法

标度法是将定性指标按问题性质划分为若干级别，分别赋以适当的量值。在估计事物质的区别性时，可以用 5 种判断来加以表示，即相等、较强、强、很强和绝对强。当需要更高精度时，还可以在相邻判断之间做出比较，这样总共就有 9 个级别。

3）模糊数法

模糊数法[8, 9]是利用模糊数学中模糊子集成模糊数的概念来确定定性指标的指标值，进而进行标准化处理。

在系统评估中，不确定性指标大都属于内涵明确、外延不明确的指标，因此，可以应用模糊数学理论来对指标的属性进行处理。

设 U 是论域，称映射 $\mu_A: U \to [0,1]$ 确定了 U 上的一个模糊子集 A，映射 μ_A 称为 A 的隶属函数，对于任意 $z \in U$，$\mu_A(z)$ 为 z 关于 A 的隶属度。模糊子集 A 完全由其隶属函数 μ_A 描述，论域 U 中的元素 z 与 A 的关系由隶属度 $\mu_A(z)$ 给出。显然，对于用模糊子集来反映的定性指标确定其隶属函数，实质上是用某种曲线来描述其满意程度，即隶属度函数的分布，每项元素 z 经隶属函数映射后的结果表征元素对该指标的满意程度。

2. 定量指标的归一化处理

不同定量指标所使用的量纲和单位通常是不一致的，因此不具有可比性。为了消除各指标间的差异，需要将评估指标进行归一化处理。常见的指标主要分为效益型指标和成本型指标。效益型指标是属性值越大越好的指标，也称为正向指标；而成本性指标是属性值越小越好的指标，也称为逆向指标。通常采用的归一化方法有极差变换法、线性比例变换法、标准样本变换法、向量归一化法和指数型曲线函数无量纲处理法等。

设 m 个评估对象、n 个指标的决策矩阵为 $\boldsymbol{R} = (r_{ij})_{m \times n}$ $(i = 1, 2, \cdots, m; j = 1, 2, \cdots, n)$。

1）极差变换法

在决策矩阵 $\boldsymbol{R} = (r_{ij})_{m \times n}$ 中，若指标为效益型，则

$$b_{ij} = \frac{r_{ij} - \min_i r_{ij}}{\max_i r_{ij} - \min_i r_{ij}} \tag{3.1.8}$$

若指标为成本型，则

$$b_{ij} = \frac{\max_i r_{ij} - r_{ij}}{\max_i r_{ij} - \min_i r_{ij}} \tag{3.1.9}$$

通过极差变换后 $0 \leqslant b_{ij} \leqslant 1$，且各指标下最好结果的属性值 $b_{ij} = 1$，最坏结果的属性值 $b_{ij} = 0$。该方法的缺点是变换前后的各指标值不成比例。

2）线性比例变换法

在决策矩阵 $\boldsymbol{R} = (r_{ij})_{m \times n}$ 中，若指标为效益型，则

$$b_{ij} = \frac{r_{ij}}{\max_i r_{ij}} \quad (\max_i r_{ij} \neq 0) \tag{3.1.10}$$

若指标为成本型，则

$$b_{ij} = \frac{\min_i r_{ij}}{r_{ij}} \qquad (3.1.11)$$

该方法的优点是变换方式是线性的，且变化前后的属性值成比例。但对任一指标来说，变换后的 $b_{ij} = 1$ 和 $b_{ij} = 0$ 不一定同时出现。

3）标准样本变换法

在决策矩阵 $\boldsymbol{R} = (r_{ij})_{m \times n}$ 中，令

$$b_{ij} = \frac{r_{ij} - \bar{r}_j}{\sigma_j} \qquad (3.1.12)$$

式中：样本均值 $\bar{r}_j = \dfrac{1}{m}\sum_{i=1}^{m} r_{ij}$；样本均方差 $\sigma_j = \sqrt{\dfrac{1}{m-1}\sum_{i=1}^{m}(r_{ij} - \bar{r}_j)^2}$。通过标准样本变换后，标准化矩阵的样本均值为 0，方差为 1。

4）向量归一化法

在决策矩阵 $\boldsymbol{R} = (r_{ij})_{m \times n}$ 中，令

$$b_{ij} = \frac{r_{ij}}{\sqrt{\sum_{i=1}^{m} r_{ij}^2}} \qquad (1 \leqslant i \leqslant m; 1 \leqslant j \leqslant n) \qquad (3.1.13)$$

则矩阵 $\boldsymbol{Y} = (b_{ij})_{m \times n}$ 称为向量归一标准化矩阵。显然，矩阵 $\boldsymbol{Y}$ 的列向量的模等于 1，即 $\sum_{i=1}^{m} b_{ij}^2 = 1$。该方法使 $0 \leqslant b_{ij} \leqslant 1$，且变换前后正逆方向不变。其缺点是它是非线性变换，变换后各指标的最大值和最小值不相同。

5）指数型曲线函数无量纲处理法

在决策矩阵 $\boldsymbol{R} = (r_{ij})_{m \times n}$ 中，若指标为效益型，则

$$b_{ij} = \left(1 + \exp\left\{2 - \frac{r_{ij} - \min_i r_{ij}}{\max_i r_{ij} - \min_i r_{ij}}\right\}\right)^{-1} \qquad (3.1.14)$$

若指标为成本型，则

$$b_{ij} = 1 - \left(1 + \exp\left\{2 - \frac{r_{ij} - \min_i r_{ij}}{\max_i r_{ij} - \min_i r_{ij}}\right\}\right)^{-1} \qquad (3.1.15)$$

下面将指数型曲线函数无量纲处理方法与极差变换法进行比较。

对于成本型的指标，令

$$F_c(r_{ij}) = 1 - \left(1 + \exp\left\{2 - \frac{r_{ij} - \min_i r_{ij}}{\max_i r_{ij} - \min_i r_{ij}}\right\}\right)^{-1} - \frac{\max_i r_{ij} - r_{ij}}{\max_i r_{ij} - \min_i r_{ij}} \qquad (3.1.16)$$

若令 $ma = \max_i r_{ij}$，$mi = \min_i r_{ij}$，$m = ma - mi$，在式（3.1.16）中对 r_{ij} 求导可得

$$F_c'(r_{ij}) = \left(1 + \exp\left\{2 - \frac{r_{ij} - mi}{m}\right\}\right)^{-2} \cdot \exp\left\{2 - \frac{r_{ij} - mi}{m}\right\} \cdot \left(-\frac{1}{m}\right) + \frac{1}{m} \qquad (3.1.17)$$

令 $\varphi(r_{ij}) = \exp\left\{ 2 - \dfrac{r_{ij} - mi}{m} \right\}$，则式（3.1.17）可写为

$$F_c'(r_{ij}) = \frac{\varphi(r_{ij})}{[1 + \varphi(r_{ij})]^2} \cdot \left(-\frac{1}{m} \right) + \frac{1}{m} \tag{3.1.18}$$

注意到 $\varphi(r_{ij})$ 的值为实数，在实数范围内 $\varphi(r_{ij})$ 始终小于 $[1 + \varphi(r_{ij})]^2$。因此，式（3.1.17）中的 $F_c'(r_{ij}) > 0$，即 $F_c(r_{ij})$ 为单调增函数。这说明对于成本型指标而言，r_{ij} 的值越大，指数型曲线函数无量纲处理方法与极差变换法的差异越大。

对于效益型的指标，令

$$F_x(r_{ij}) = \left(1 + \exp\left\{ 2 - \frac{r_{ij} - \min_i r_{ij}}{\max_i r_{ij} - \min_i r_{ij}} \right\} \right)^{-1} - \frac{r_{ij} - \min_i r_{ij}}{\max_i r_{ij} - \min_i r_{ij}} \tag{3.1.19}$$

在式（3.1.19）中对 r_{ij} 求导可得

$$F_x'(r_{ij}) = \left(1 + \exp\left\{ 2 - \frac{r_{ij} - mi}{m} \right\} \right)^{-2} \cdot \exp\left\{ 2 - \frac{r_{ij} - mi}{m} \right\} \cdot \left(-\frac{1}{m} \right) - \frac{1}{m} \tag{3.1.20}$$

令 $\varphi(r_{ij}) = \exp\left\{ 2 - \dfrac{r_{ij} - mi}{m} \right\}$，则式（3.1.20）可写为

$$F_x'(r_{ij}) = \frac{\varphi(r_{ij})}{[1 + \varphi(r_{ij})]^2} \cdot \left(-\frac{1}{m} \right) - \frac{1}{m} = -\frac{1}{m} \cdot \left\{ 1 + \frac{\varphi(r_{ij})}{[1 + \varphi(r_{ij})]^2} \right\} \tag{3.1.21}$$

注意到在实数范围内 $1 + \dfrac{\varphi(r_{ij})}{[1 + \varphi(r_{ij})]^2}$ 的值始终大于 0，因此，式（3.1.21）中 $F_x'(r_{ij}) < 0$，即 $F_x(r_{ij})$ 为单调减函数。这说明对于效益型指标而言，r_{ij} 的值越小，指数型曲线函数无量纲处理方法与极差变换法的差异越大。

3.2　基于敏感性分析的评估指标优选

如果把不同的脆弱性评估指标作为赋权方案中的属性，属性权重的变化会导致赋权方案之间优先顺序的变化。因此，对属性权重进行敏感性分析，可以确定出对方案排序影响较大的属性指标，从而实现脆弱性评估指标集的优选。

3.2.1　属性权重未知的多属性决策方法

1. 多属性决策

多属性决策[10]也称为有限个方案的多目标决策，其实质是利用已有的决策信息，按照某种方式对有限个备选方案进行排序，排序靠前的方案优于排序靠后的方案。

考虑具有 m 个方案、n 个属性的决策问题。为了能对方案集中的方案进行排序，建立一种在方案集 X 上的偏好结构 (P, I, R)，其中 P 表示优于，I 表示无差异，R 表示不可比。

若存在 r 个实值函数 $V_t(x_i) = \sum_{j=1}^{n} \omega_j V_{ij}(f_j(x_i), f_j(X))$ $(x_i \in X; l = 1, 2, \cdots, r)$，使得对于任意两个方案 $x_i, x_k \in X$，满足

$$\begin{cases} x_i P x_k, & V_l(x_i) > V_l(x_k) \\ x_i I x_k, & V_l(x_i) = V_l(x_k) \\ x_i R x_k, & \text{其他} \end{cases} \quad (3.2.1)$$

则称该方法为秩为 r 的加性方法，$V_l(x_i)$ 为方案 x_i 的第 l 个评估函数。

常用的多属性决策方法包括加权和法、ELECTRE 法和 PROMETHEE 法等。

1）加权和法

加权和法是应用最为广泛的一种多属性决策方法。若已知各属性的初始权重 ω_j 满足 $\sum_{j=1}^{n} \omega_j = 1 (0 < \omega_j < 1; j = 1, 2, \cdots, n)$，$b_{ij}$ 为第 i 个方案在第 j 个属性上归一化后的数值，则由加权和法 $V_{ij}(f_j(x_i), f_j(X)) = b_{ij}$，有

$$V_l(x_i) = \sum_{j=1}^{n} \omega_j V_{ij}(f_j(v_i), f_j(X)) = \sum_{j=1}^{n} \omega_j b_{ij} \quad (3.2.2)$$

由此可见，加权和法是一种秩为 1 的加性方法。

2）ELECTRE 法

ELECTRE 法是 1971 年由法国人 Roy[11] 首先提出的。ELECTRE 法能很好地解决在实际中优先关系难以保证传递性和完备性的问题。ELECTRE 法求解多属性决策问题主要包括构造级别高于关系和利用级别高于关系对方案集中的方案排序。一般而言，ELECTRE 法的主要步骤如下。

（1）确定各属性的权重。

（2）计算和谐指数与非和谐指数，并据此进行检验。

（3）结合其他条件，确定级别优于关系，并对方案集排序。

Roy 随后又相继提出了 ELECTRE-I 法、ELECTRE-II 法、ELECTRE-III 法、ELECTRE-IV 法和 ELECTRE-TRI 法等。但是，ELECTRE 法也存在着缺陷：它没有考虑方案对在某一属性上属性值差距大小的信息。

3）PROMETHEE 法

PROMETHEE 法是 1984 年由 Brans 等[12] 提出的。PROMETHEE 法通过引入优先函数克服了 ELECTRE 法忽略属性值差距大小信息的缺陷，根据优先函数来判断不同方案之间的排序。

对于任意两个方案 $x_i, x_k \in X$，优先函数用来描述在属性 y_j 上方案 x_i 关于方案 x_k 的优先程度，用 $P_j(x_i, x_k)$ 表示。若 m 个方案、n 个属性的决策问题中决策矩阵的原始属性值为 y_{ij} $(i = 1, 2, \cdots, m; j = 1, 2, \cdots, n)$，则优先函数可以表示为

$$P_j(x_i, x_k) = \begin{cases} 0, & y_{ij} \leqslant y_{kj} \\ P_j(d), & y_{ij} > y_{kj} \end{cases} \quad (3.2.3)$$

式中：$d = y_{ij} - y_{kj}$。

若属性初始权重 ω_j 满足 $\sum\limits_{j=1}^{n} \omega_j = 1$，且 $0 < \omega_j < 1$，则判断方案 x_i 优于方案 x_k 的程度可以用优先指数 $\pi(x_i, x_k)$ 表示为

$$\pi(x_i, x_k) = \sum_{j=1}^{n} \omega_j P_j(x_i, x_k) \tag{3.2.4}$$

对于每个方案 $x_i \in X$，定义流出和流入分别为

$$\varphi^+(x_i) = \sum_{x_k \in X} \pi(x_i, x_k) \tag{3.2.5}$$

$$\varphi^-(x_i) = \sum_{x_k \in X} \pi(x_k, x_i) \tag{3.2.6}$$

PROMETHEE I 法在流出和流入的基础上建立了方案的偏序。

若记 $\varphi_j^+(x_i) = \sum\limits_{x_k \in X} P_j(x_i, x_k)$，$\varphi_j^-(x_i) = \sum\limits_{x_k \in X} P_j(x_k, x_i)$，则流出和流入可以表示为

$$\varphi^+(x_i) = \sum_{j=1}^{n} \omega_j \varphi_j^+(x_i) \tag{3.2.7}$$

$$\varphi^-(x_i) = \sum_{j=1}^{n} \omega_j \varphi_j^-(x_i) \tag{3.2.8}$$

令 $V_{1j}(x_i) = \varphi_j^+(x_i)$，$V_{2j}(x_i) = -\varphi_j^-(x_i)$，则 PROMETHEE I 法有两个评估函数，分别为

$$V_1(x_i) = \sum_{j=1}^{n} \omega_j V_{1j}(x_i) \tag{3.2.9}$$

$$V_2(x_i) = \sum_{j=1}^{n} \omega_j V_{2j}(x_i) \tag{3.2.10}$$

可见 PROMETHEE I 法是一种秩为 2 的加性方法。

PROMETHEE II 法中，对于每个方案 $x_i \in X$，定义纯流 $\varphi(x_i) = \varphi^+(x_i) - \varphi^-(x_i)$。

令 $V_{1j}(x_i) = \varphi_j^+(x_i) - \varphi_j^-(x_i) = \varphi_j(x_i)$，则 PROMETHEE II 法有一个评估函数为

$$V_1(x_i) = \varphi(x_i) = \sum_{j=1}^{n} \omega_j V_{1j}(x_i) \tag{3.2.11}$$

可见，PROMETHEE II 法是一种秩为 1 的加性方法。用 PROMETHEE I 法只能得到方案集上的偏序，而用 PROMETHEE II 法可以在纯流的基础上得到方案集的完全序。

上述三种多属性决策方法的差异在于评估函数不同，评估函数表征各方案集的优先顺序。

2. 属性权重未知的多属性决策

如果初始属性权重 ω_j 已知，那么可以直接根据多属性决策方法计算各方案的评估函数，从而对各方案进行排序；但如果属性权重完全未知，那么此时的多属性决策问题需要对决策信息的模糊性进行度量，找出合理的初始属性权重。

考虑所有决策方案的集合 X，所有属性的集合 Y。一般而言，如果所有的决策方案 $x_i \in X (i=1,2,\cdots,m)$ 在某一属性 $y_j \in Y (j=1,2,\cdots,n)$ 下的属性值差异越小，说明该属性对方案排序产生的影响作用越小；反之，如果在该属性下的属性值差异越大，说明该属性对方案排序产生的影响作用越大。可以从属性值差异的角度对属性初始权重赋权，属性值差异越大赋的权重越大，差异越小赋予的权重越小。各属性值的差异可以通过属性值之间的距离来度量。

距离空间也称为度量空间[13]。在距离空间 Θ 中，称满足以下三个条件的双变量实值函数 $\rho(x,y)$ 为距离空间 Θ 上的距离：

① $\rho(x,y) \geqslant 0$ 且 $\rho(x,y)=0 \Leftrightarrow x=y$；

② $\rho(x,y) - \rho(y,x)$；

③ $\rho(x,z) \leqslant \rho(x,y) + \rho(y,z)$，$\forall x,y,x \in \Theta$。

距离作为度量模糊量差异的一个重要工具，许多学者对其给出了不同的定义。例如，Nola 和 Ventre[14] 定义了模糊数 A 与 B 之间的距离；Hong 和 Lee[15] 定义了区间值模糊数 A 与 B 之间的距离。

常用的距离为欧几里得距离，若 $A=(x_1,x_2,\cdots,x_n)$，$B=(y_1,y_2,\cdots,y_n)$，则 A 与 B 之间的欧几里得距离为

$$D(A,B) = \sqrt{\sum_{i=1}^{n}(x_i - y_i)^2} \tag{3.2.12}$$

距离是用来度量模糊量差异的重要工具，不同定义的距离之间并没有明显的优劣，本书采用欧几里得距离作为度量两者之间差异的工具。

在选择初始权重时，基于离差极大化的思想，应使在各属性下所有决策方案属性值的总距离最大。假设决策方案 $x_i \in X (i=1,2,\cdots,m)$，属性 $y_j \in Y (j=1,2,\cdots,n)$。决策矩阵为 $\boldsymbol{R}=(r_{ij})_{m \times n} (i=1,2,\cdots,m; j=1,2,\cdots,n)$，将决策矩阵进行归一化处理得到决策矩阵 $\tilde{\boldsymbol{R}} - (b_{ij})_{m \times n} (i-1,2,\cdots,m, j=1,2,\cdots,n)$。

对于第 j 个属性 y_j，方案 x_i 的属性值与其他方案属性值的距离为

$$d_i = \sum_{k=1}^{m} d(b_{ij},b_{kj}) \cdot \omega_j \tag{3.2.13}$$

式中：ω_j 为各属性的初始权重；$d(b_{ij},b_{kj})$ 为 b_{ij} 与 b_{kj} 之间的欧几里得距离。对第 j 个属性，所有决策方案与其他决策方案的总距离和为

$$\sum_{i=1}^{m} d_i = \sum_{i=1}^{m}\sum_{k=1}^{m} d(b_{ij},b_{kj}) \cdot \omega_j \tag{3.2.14}$$

为获得各属性初始权重 ω_j，使各属性下所有决策方案属性值的总距离最大，建立优化模型

$$
\max \sum_{j=1}^{n} \sum_{i=1}^{m} \sum_{k=1}^{m} d(b_{ij}, b_{kj}) \cdot \omega_j
$$
$$
\text{s.t.} \begin{cases} \sum_{j=1}^{n} \omega_j^2 = 1 \\ 0 \leqslant \omega_j \leqslant 1 \, (j=1,2,\cdots,n) \end{cases}
\tag{3.2.15}
$$

利用拉格朗日（Lagrange）乘数法求解上述优化模型，构造拉格朗日函数

$$
L = \sum_{j=1}^{n} \sum_{i=1}^{m} \sum_{k=1}^{m} d(b_{ij}, b_{kj}) \cdot \omega_j + \frac{1}{2} \lambda \left(\sum_{j=1}^{n} \omega_j^2 - 1 \right)
\tag{3.2.16}
$$

令

$$
\begin{cases} \dfrac{\partial L}{\partial w_j} = \sum_{i=1}^{m} \sum_{k=1}^{m} d(b_{ij}, b_{kj}) + \lambda \omega_j = 0 \\ \dfrac{\partial L}{\partial \lambda} = \dfrac{1}{2} \left(\sum_{j=1}^{n} \omega_j^2 - 1 \right) = 0 \end{cases}
\tag{3.2.17}
$$

由式（3.2.17）可得

$$
\omega_j = \frac{\sum_{i=1}^{m} \sum_{k=1}^{m} d(b_{ij}, b_{kj})}{\sqrt{\sum_{j=1}^{n} \left[\sum_{i=1}^{m} \sum_{k=1}^{m} d(b_{ij}, b_{kj}) \right]^2}} \quad (j=1,2,\cdots,n)
\tag{3.2.18}
$$

通过上述优化模型，利用离差极大化的思想对决策信息的模糊性进行度量，找出合理的初始属性权重；根据多属性决策方法计算各方案的评估函数，从而实现对各方案的排序。

3.2.2 权重最小变化量

决策问题具有 m 个方案、n 个属性。假设属性权重 ω_j 满足 $\sum_{j=1}^{n} \omega_j = 1$，且 $0 < \omega_j < 1$。各属性权重上的变化可能会导致方案间优先顺序的变化。

定义 3.2.1 （权重变化量的可行性）对于方案集 X 上的任意两个方案，若某一属性权重发生改变会影响这两个方案的排序，则称该属性权重变化量可行。

定义 3.2.2 （属性的鲁棒性）对于方案集 X 上的所有方案，若某一属性的权重变化量不可行，则称该属性具有鲁棒性。

定义 3.2.3 （权重最小绝对变化量）对于方案集 X 上的两个方案 x_i, x_k，若属性 f_j 上的权重变化量可行，则在 f_j 上权重 ω_j 的最小绝对变化量是导致方案 x_i, x_k 排序颠倒的权重变化量，用 $\sigma_{j,i,k} \, (1 \leqslant i < k \leqslant m; 1 \leqslant j \leqslant n)$ 表示。

定义 3.2.4 对于权重最小相对变化量 $\sigma'_{j,i,k} \, (1 \leqslant i < k \leqslant m; 1 \leqslant j \leqslant n)$，有

$$\sigma'_{j,i,k} = \frac{\sigma_{j,i,k} \times 100}{\omega_j} \tag{3.2.19}$$

改变属性 f_j 上的权重 ω_j $(1 \leqslant j \leqslant n)$ 会改变方案 x_i, x_k 的排序。若 ω_j^* 是属性 f_j 修改后的权重，且修改权重之后方案 x_i, x_k 排序正好颠倒，则由权重最小变化量的定义

$$\omega_j^* = \omega_j - \sigma_{j,i,k} \tag{3.2.20}$$

考虑秩为 1 的加性方法，此时的决策方法只有一个评估函数

$$V(x_i) = \sum_{j=1}^n \omega_j V_j(x_i) \quad (i=1,2,\cdots,m; j=1,2,\cdots,n) \tag{3.2.21}$$

前面提到的加权和法是秩为 1 的加性方法。在加权和法中，$V_j(x_i) = b_{ij}$（b_{ij} 为第 i 个方案在第 j 个属性上归一化后的数值）。在 PROMETHEE II 法中，$V_j(x_i) = \varphi_j(x_i)$。

若令 $V_i = V(x_i)$，$V_{i,j} = V_j(x_i)$，则秩为 1 的加性方法的评估函数可以写为

$$V_i = \sum_{j=1}^n \omega_j V_{i,j} \quad (i=1,2,\cdots,m; j=1,2,\cdots,n) \tag{3.2.22}$$

对于秩为 1 的加性方法，权重的最小绝对变化量 $\sigma_{j,i,k}$ 和最小相对变化量 $\sigma'_{j,i,k}$ 可以由下述两个定理给出。

定理 3.2.1　若 ω_j^* 是属性 f_j 修改后的权重，该权重的改变会导致方案 x_i, x_k 排序颠倒，即 $\omega_j^* = \omega_j - \sigma_{j,i,k}$，则权重最小绝对变化量 $\sigma_{j,i,k}$ $(1 \leqslant i < k \leqslant m; 1 \leqslant j \leqslant n)$ 可以由下式计算：

$$\sigma_{j,i,k} > \frac{V_i - V_k}{V_{i,j} - V_{k,j}}, \quad 若 V_{i,j} > V_{k,j} \tag{3.2.23}$$

$$\sigma_{j,i,k} < \frac{V_i - V_k}{V_{i,j} - V_{k,j}}, \quad 若 V_{i,j} < V_{k,j} \tag{3.2.24}$$

且若最小绝对变化量可行，则 $\sigma_{j,i,k}$ $(1 \leqslant i < k \leqslant m; 1 \leqslant j \leqslant n)$ 满足

$$\omega_j > \sigma_{j,i,k} > \omega_j - 1 \tag{3.2.25}$$

定理 3.2.2　若 ω_j^* 是属性 f_j 修改后的权重，该权重的改变会导致方案 x_i, x_k 排序颠倒，即 $\omega_j^* = \omega_j - \sigma_{j,i,k}$，则权重最小相对变化量 $\sigma'_{j,i,k}$ $(1 \leqslant i < k \leqslant m; 1 \leqslant j \leqslant n)$ 可以由下式计算：

$$\sigma'_{j,i,k} > \frac{V_i - V_k}{V_{i,j} - V_{k,j}} \times \frac{100}{\omega_j}, \quad 若 V_{i,j} > V_{k,j} \tag{3.2.26}$$

$$\sigma_{j,i,k} < \frac{V_i - V_k}{V_{i,j} - V_{k,j}} \times \frac{100}{\omega_j}, \quad 若 V_{i,j} < V_{k,j} \tag{3.2.27}$$

且若最小相对变化量可行，则 $\sigma'_{j,i,k}$ $(1 \leqslant i < k \leqslant m; 1 \leqslant j \leqslant n)$ 满足

$$\frac{\omega_j - 1}{\omega_j} < \frac{\sigma'_{j,i,k}}{100} < 1 \tag{3.2.28}$$

3.2.3 敏感性系数

若决策问题具有 m 个方案、n 个属性，每一个属性 f_j 上的方案对有 $m(m-1)/2$ 对。这 $m(m-1)/2$ 对方案对应着 $m(m-1)/2$ 个权重变化量。这些权重变化量有些可行，有些不可行，但是一定存在一个可行的最小权重变化量，当属性 f_j 上的权重变化达到该值时，至少改变一个方案对的排序。此时，我们把所有可行最小权重变化量中的最小值称为属性 f_j 上权重 ω_j 变化的临界值，记为 D'_j。临界值 D'_j 满足

$$D'_j = \min_{1 \leqslant i \leqslant k \leqslant m} \{|\sigma'_{j,i,k}|\} \qquad (3.2.29)$$

为了衡量方案排序对属性权重的敏感性程度，采用临界值的倒数，称为属性 f_j 的敏感性系数 $S(f_j)$。敏感性系数越高，说明方案排序对该属性越敏感，该属性越重要。敏感性系数 $S(f_j)$ 满足

$$S(f_j) = \frac{1}{D'_j} \qquad (3.2.30)$$

若临界值不可行，则敏感性系数为 0。

3.2.4 方案排序的权重稳定区间

对于方案集 X 上的任意一个方案对 (x_i, x_k)，属性 f_j 上的权重改变会导致方案对 (x_i, x_k) 的偏好结构 (P, I, R) 发生改变。若当属性 f_j 上的权重变化时，方案对 (x_i, x_k) 的偏好结构 (P, I, R) 不改变，则称偏好结构是稳定的。保持偏好结构稳定的权重变化范围称为权重稳定区间[16]。

秩为 1 的加性方法只有一个评估函数 $V(x_i)$ $(x_i \in X)$，并且偏好结构只有两种关系 (P, I)，即优于关系和无差异关系。

若属性 f_j 的权重 ω_j 变为 ω'_j，即

$$\omega'_j = (1+\beta)\omega_j \qquad (3.2.31)$$

式中：$0 < \omega'_j < 1$，则要求 β 满足

$$-1 \leqslant \beta \leqslant \frac{1}{\omega_j} - 1 \qquad (3.2.32)$$

归一化后其他属性的修改权重为

$$\omega'_h = \alpha\omega_h \quad (h \neq j) \qquad (3.2.33)$$

式中：ω_h 为属性集中除属性 f_j 外的原属性权重；α 满足

$$\alpha = \frac{1-(1+\beta)\omega_j}{1-\omega_j} \qquad (3.2.34)$$

此时，修改属性 f_j 的权重后的评估函数记为 $V'(x_i)$，满足

$$V'(x_i) = \alpha V(x_i) + (1-\alpha)V_j(x_i) \qquad (3.2.35)$$

秩为 1 的加性方法的偏好结构只有优于关系和无差异关系这两种，下面分这两种情形来讨论权重的稳定区间。

若方案对 (x_i, x_k) 的偏好结构关系为 $x_i P x_k$，即 x_i 优于 x_k，则此时 $V(x_i) > V(x_k)$。当属性 f_j 的权重由 ω_j 变为 ω_j' 时，评估函数也发生了变化。但是，注意到 $V(x_i) > V(x_k) \Leftrightarrow V'(x_i) > V'(x_k)$，因此，修改权重后，$x_i$ 仍然优于 x_k。由此，修改权重后方案对排序保持不变的条件为

$$[V(x_i) - V(x_k)][V'(x_i) - V'(x_k)] > 0 \tag{3.2.36}$$

若令 $\rho(x_i, x_k) = V(x_i) - V(x_k)$，$\rho'(x_i, x_k) = V'(x_i) - V'(x_k)$，$\rho_j(x_i, x_k) = V_j(x_i) - V_j(x_k)$，则式（3.2.36）可以写为

$$\rho(x_i, x_k)\rho'(x_i, x_k) > 0 \tag{3.2.37}$$

进一步可以写为

$$\rho(x_i, x_k)[\alpha\rho(x_i, x_k) + (1-\alpha)\rho_j(x_i, x_k)] > 0 \tag{3.2.38}$$

整理得

$$\alpha[\rho(x_i, x_k)\rho_j(x_i, x_k) - \rho^2(x_i, x_k)] < \rho(x_i, x_k)\rho_j(x_i, x_k) \tag{3.2.39}$$

为保证修改权重后方案对的排序不变，可以推导出 α 的范围。

若 $\rho(x_i, x_k)\rho_j(x_i, x_k) > \rho^2(x_i, x_k)$，说明在属性 f_j 上方案对的排序未变，则由式（3.2.39）可得

$$\alpha < \frac{\rho(x_i, x_k)\rho_j(x_i, x_k)}{\rho(x_i, x_k)\rho_j(x_i, x_k) - \rho^2(x_i, x_k)} \tag{3.2.40}$$

上式给出了保证方案对排序稳定的 α 的上界。

若 $\rho(x_i, x_k)\rho_j(x_i, x_k) < 0$，说明在属性 f_j 上方案对的排序改变，则

$$\alpha > \frac{\rho(x_i, x_k)\rho_j(x_i, x_k)}{\rho(x_i, x_k)\rho_j(x_i, x_k) - \rho^2(x_i, x_k)} \tag{3.2.41}$$

上式给出了保证方案对排序稳定的 α 的下界。

若方案对 (x_i, x_k) 的偏好结构关系为 $x_i I x_k$，即 x_i 无差异于 x_k，则此时 $V(x_i) = V(x_k)$。当属性 f_j 的权重由 ω_j 变为 ω_j' 时，方案对仍然无差异，有 $V'(x_i) = V'(x_k)$。

修改权重后方案对排序保持不变的条件为

$$\alpha\rho(x_i, x_k) + (1-\alpha)\rho_j(x_i, x_k) = 0 \tag{3.2.42}$$

由式（3.2.42）可知，当 $\rho_j(x_i, x_k) = 0$ 或 $\alpha = 1$ 时，修改权重后方案对排序保持不变。

当 $\rho_j(x_i, x_k) = 0$ 时，对 α 没有要求，此时权重的变化不会引起方案对排序的改变。

当 $\alpha = 1$ 时，权重不会变化，只要权重有变化就会改变方案对的排序。

为保证方案集 X 上偏好结构的稳定性，优于关系的方案对 (x_i, x_k) 应满足 $\rho(x_i, x_k)\rho'(x_i, x_k) > 0$；无差异关系的方案对 (x_i, x_k) 应满足 $\rho(x_i, x_k)\rho'(x_i, x_k) = 0$。

令

$$K^0 = \{(x_i, x_k) \in X，满足 \rho(x_i, x_k) = 0 且 \rho_j(x_i, x_k) \neq 0\}$$

$$K^- = \{(x_i, x_k) \in X，满足 \rho(x_i, x_k)\rho_j(x_i, x_k) < 0\}$$

$$K^+ = \{(x_i, x_k) \in X，满足 \rho(x_i, x_k)\rho_j(x_i, x_k) > \rho^2(x_i, x_k)\}$$

则对于属性 f_j，定义

$$\alpha_j^- = \max_{(x_i,x_k)\in K^-} \frac{\rho(x_i,x_k)\rho_j(x_i,x_k)}{\rho(x_i,x_k)\rho_j(x_i,x_k) - \rho^2(x_i,x_k)} \tag{3.2.43}$$

$$\alpha_j^+ = \min_{(x_i,x_k)\in K^+} \frac{\rho(x_i,x_k)\rho_j(x_i,x_k)}{\rho(x_i,x_k)\rho_j(x_i,x_k) - \rho^2(x_i,x_k)} \tag{3.2.44}$$

根据前面的定义可得保持方案对排序稳定的 α 变化区域：

当 $K^0 \neq 0$ 时，只有 $\alpha = 1$，方案对排序保持稳定；

当 $K^0 = 0$ 时，方案对排序稳定的 α 变化区域为

$$\alpha_j^- < \alpha < \alpha_j^+ \tag{3.2.45}$$

3.3　船舶电力系统脆弱性评估指标优选

如果把不同的脆弱性评估指标作为赋权方案中的属性，属性权重的变化会导致赋权方案之间优先顺序的变化。因此，对属性权重进行敏感性分析，可以确定出对方案排序影响较大的属性指标。首先计算船舶电力系统各脆弱性评估指标，然后计算各脆弱性评估指标的敏感性系数，通过排序实现船舶电力系统脆弱性评估指标集的优选。

3.3.1　船舶电力系统脆弱性评估指标的计算

1. 社会网络分析法下的船舶电力系统脆弱性评估指标

社会网络分析法下的船舶电力系统脆弱性评估指标，可以通过表征网络连接关系的邻接矩阵计算得到。以复杂环形船舶电力系统为研究对象，通过网络邻接矩阵得到节点度数、节点接近度、节点介数和节点效率指标如图 3.1～图 3.4 所示。

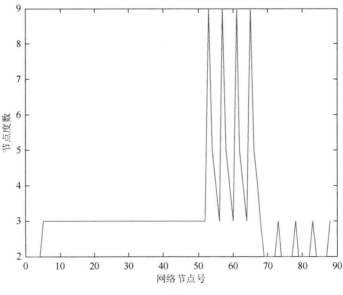

图 3.1　节点度数对比图

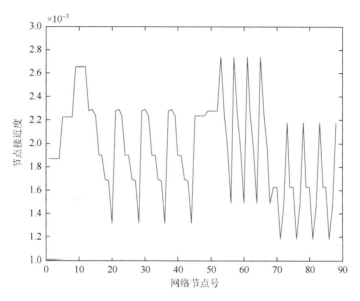

图 3.2　节点接近度对比图

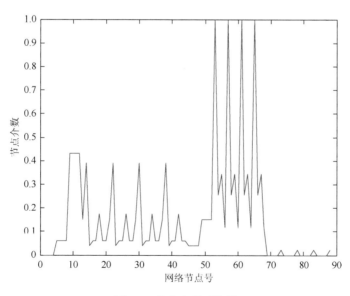

图 3.3　节点介数对比图

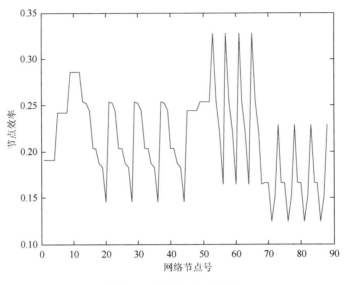

图 3.4　节点效率对比图

2. 系统科学分析法下的船舶电力系统脆弱性评估指标

系统科学分析法下的船舶电力系统脆弱性评估指标，通过有选择地移除网络中的节点，以网络性能下降的程度衡量节点的脆弱性。电力系统中某些节点被移除，会引起有效路径的重新分布、网络拓扑结构发生变化，从而会引起相邻元件过载，最终导致整个系统级联崩溃的发生，这种现象就是级联故障。本节将建立动态级联故障模型，通过对船舶电力系统中各节点的动态级联仿真，实现系统科学分析法下的脆弱性评估指标的计算。

在船舶电力系统动态级联故障模型中，对脆弱性的相关描述进行如下定义。

定义 3.3.1　（节点承受量）网络中不相邻节点 j 与 k 之间的通信主要依赖于连接节点 j 和 k 的路径所经过的节点，如果某个节点被其他很多路径经过，说明该节点在网络中的传输任务很重，而介数正是反映节点在网络中承受量大小的指标。此处用介数来描述节点在网络中的承受量，即

$$L_i(t) = \sum_{j \neq k} \frac{\sigma_{jk}(i)}{\sigma_{jk}} \tag{3.3.1}$$

式中：$L_i(t)$ 为第 i 个节点在 t 时刻的承受量；$\sigma_{jk}(i)$ 为节点 j 与 k 之间经过 i 的最短输电路径数目；σ_{jk} 为节点 j 与 k 之间的最短输电路径数目。

节点承受量反映节点在网络中的负荷，也称为结构负荷。基于拓扑模型的结构负荷一定程度上反映了潮流在电网中的分布情况，其分布具有实际参考价值。

定义 3.3.2　假设节点能力与初始承受量成正比，即

$$C_i = \alpha L_i \tag{3.3.2}$$

式中：α 为容忍系数，且 $\alpha \geqslant 1$；L_i 为第 i 个节点的初始承受量。

船舶电力系统动态级联故障仿真的基本思路是：选择网络中的任意一个节点故障（即电力网络节点故障不能正常工作），并将该节点及其相应的边从网络中移除。这会导致网

络中其他节点的承受量发生变化。如果造成其他节点承受量超过自身的节点能力，即认为节点发生故障，需继续移除节点及其相应的边，直到没有节点故障为止（即所有电力网络节点的承受量 $L_i(t)$ 小于其节点能力 C_i）。

具体仿真步骤如下。

（1）确定船舶电力网络的邻接矩阵。

（2）依据式（3.3.1）和式（3.3.2）计算 L_i 和 C_i。

（3）选择一个节点作为初始故障节点，将节点及其相应的边从网络中移除。

（4）重新计算邻接矩阵，重新计算 L_i。

（5）比较 L_i 与 C_i 的大小，若 $L_i > C_i$，则把节点 i 及其相应的边从网络中移除，并转步骤（4）；否则转步骤（6）。

（6）计算系统科学分析法下脆弱性评估指标，如网络凝聚度和最大连通子图规模，结束级联故障仿真。

仿真流程如图 3.5 所示。

以复杂环形船舶电力系统为研究对象，由船舶电力系统动态级联故障仿真流程依次对系统中每一个节点进行级联故障模拟，给定容忍系数 $\alpha = 1.1$，通过上述仿真过程可以计算出系统科学分析法下船舶电力系统中每一个元件 i 的脆弱性评估指标。

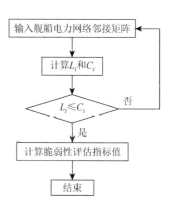

图 3.5　仿真流程图

图 3.6 为网络凝聚度对比图。网络凝聚度值越大，说明节点在系统中越重要。

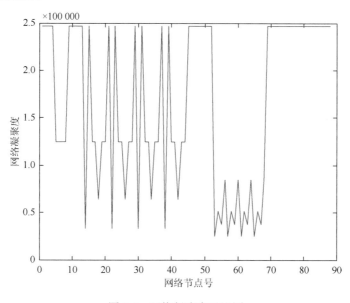

图 3.6　网络凝聚度对比图

图 3.7 为最大连通子图规模对比图。最大连通子图规模越小，说明节点发生故障时对系统的影响越大。

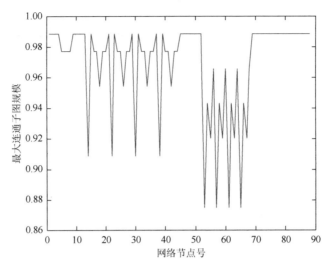

图 3.7 最大连通子图规模对比图

3.3.2 船舶电力系统脆弱性评估指标敏感性分析

把船舶电力系统的六个脆弱性评估指标作为赋权方案中的属性，根据属性权重的变化所导致赋权方案之间优先顺序的变化来确定属性权重的敏感性系数，需要计算各指标的权重分配方案。利用层次分析法、熵值法和离差最大法计算各指标的权重分配方案，决策问题的三个方案分别为层次分析法权重方案、熵值法权重方案和离差最大法权重方案，记为 (x_1, x_2, x_3)；六个属性分别为船舶电力系统脆弱性评估的六个指标，即节点度数、节点接近度、节点介数、节点效率、网络凝聚度和最大连通子图规模，记为 $(f_1, f_2, f_3, f_4, f_5, f_6)$。初始权重通过属性初始权重未知的多属性决策的优化模型获得。决策矩阵和初始权重如表 3.1 所示。

表 3.1 决策矩阵

决策问题方案	f_1	f_2	f_3	f_4	f_5	f_6
权重	0.244 1	0.061 1	0.142 7	0.060 2	0.038 4	0.145 2
x_1	0.269 2	0.052 4	0.131 0	0.070 1	0.029 6	0.129 1
x_2	0.219 0	0.069 7	0.154 3	0.050 3	0.047 2	0.161 3
x_3	0.234 1	0.064 5	0.147 3	0.056 2	0.041 9	0.151 6

通过计算权重的最小变化量对复杂环形船舶电力系统的六个属性进行敏感性排序。计算最小绝对变化量值 $\sigma_{j,i,k}$ 和最小相对变化量值 $\sigma'_{j,i,k}$，如表 3.2 和表 3.3 所示。表中 "—" 表示最小权重变化量不可行。

表 3.2 最小绝对变化量值

决策问题方案	f_1	f_2	f_3	f_4	f_5	f_6
(x_1, x_2)	0.014 4	−0.010 8	−0.018 6	0.008 9	—	−0.013 7
(x_1, x_3)	0.014 8	—	—	0.009 2	−0.006 8	−0.013 8
(x_2, x_3)	—	−0.021 3	−0.019 8	0.012 4	−0.007 9	—

表 3.3　最小相对变化量值

决策问题方案	f_1	f_2	f_3	f_4	f_5	f_6
(x_1, x_2)	5.89	−17.68	−13.03	14.78	—	−9.44
(x_1, x_3)	6.06	—	—	15.28	−17.71	−9.50
(x_2, x_3)	—	−34.86	−13.88	20.59	−20.57	—

根据各属性的权重变化临界值计算每一个属性的敏感性系数，结果如表 3.4 所示。

表 3.4　各属性权重变化临界值及敏感性系数

属性权重敏感性系数	f_1	f_2	f_3	f_4	f_5	f_6
D'_j	5.89	17.68	13.03	14.78	17.71	9.44
$S(f_j)$	0.169 8	0.056 6	0.076 7	0.067 7	0.056 5	0.105 9

图 3.8 所示为各指标敏感性系数比较。由图 3.8 可见，按照敏感性系数由大到小排列的船舶电力系统脆弱性评估指标为节点度数、最大连通子图规模、节点介数、节点效率、节点接近度和网络凝聚度。从敏感性系数的角度来看，其数值的大小反映了指标的重要程度，即指标对节点脆弱性评估的有效性。敏感性系数越大，说明指标对方案排序变化越敏感，指标越重要，对节点脆弱性评估也越有效。

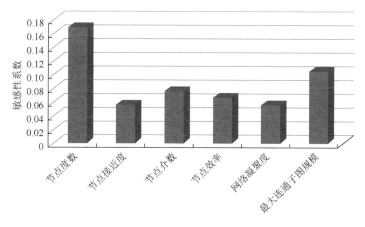

图 3.8　各指标敏感性系数比较

3.3.3　负荷失电仿真示例

由上一小节的分析可知，节点度数指标是敏感性系数最大的指标。以复杂环形船舶电力系统为研究对象，采用 PSCAD 软件对度数模式下节点移除后负载失电情况进行仿真分析。系统仿真模型如图 3.9 所示。

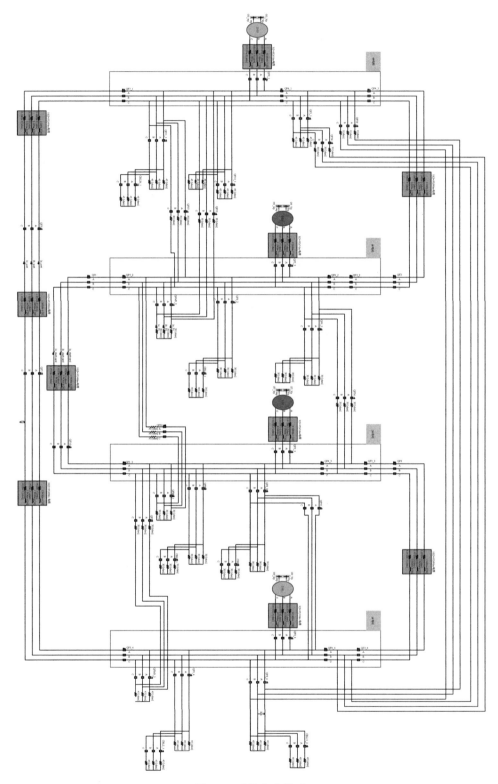

图 3.9　系统仿真模型

　　首先将各节点的度数指标值由大至小排序；然后按照顺序每次移除一个节点，记录每次移除后负载失电波形。

　　移除第 1 个节点（度数最高节点）后，网络中有 2 个负载失电。失电负载电流变化情况如附录 A 附图 A1 所示。

　　移除第 2 个节点（度数次高节点）后，失电负载增加了 5 个。失电负载电流变化情况如附录 Λ 附图 A2 所示。

　　移除第 3 个节点（共 3 个节点）后，失电负载又增加了 5 个。失电负载电流变化情况如附录 A 附图 A3 所示。

　　移除第 4 个节点（共 4 个节点）后，网络中所有负载全部失电。剩余失电负载的电流变化情况如附录 A 附图 A4 所示。

　　由附录 A 仿真结果可以看出，当移除 1 个节点时，船舶电力系统中有 2 个负载失电；当移除 2 个节点时，船舶电力网络中有 7 个负载失电；当移除 3 个节点时，船舶电力网络中有 12 个负载失电；当移除 4 个节点时，船舶电力网络中负载全部失电。这说明度数指标较好地衡量了节点的脆弱程度。

3.4　船舶电力系统脆弱性评估指标有效性分析

　　利用多属性决策对船舶电力系统脆弱性评估指标的敏感性进行分析，可以实现对评估指标重要性的排序。在已构建的船舶电力网络拓扑模型的基础上，针对不同脆弱性评估指标下获得的脆弱节点排序表，移除相应的节点，并计算电力系统故障传播程度（其大小可以作为对节点脆弱性排序的对比验证）可以得出移除元件比例与电力系统故障传播程度的变化曲线。通过这样的动态分析方法，可以验证船舶电力系统脆弱性评估指标排序的有效性。

3.4.1　故障传播程度衡量

　　在复杂网络理论对陆地互联电力网络拓扑特征的研究中，采用输电能力百分比 C、传输效率下降百分比 P 和损失负荷百分比 Loss 衡量电力系统故障传播的程度得到了广泛的认可[17]。

　　（1）输电能力百分比表达式为

$$C = \frac{C_1}{C_0} \times 100\% \qquad (3.4.1)$$

式中：C_0 和 C_1 分别为初始状态下和故障后新的平衡状态下电网的输电能力，定义为节点之间阻抗的倒数和，即

$$C_0 = \frac{1}{N(N-1)} \sum_{i \neq j \in G_0} \frac{1}{d_{ij}} \qquad (3.4.2)$$

式中：G_0 为初始状态下的电力网络；d_{ij} 为该状态下节点之间的阻抗。输电能力百分比下降越多，说明节点故障对系统造成的影响越大。

（2）传输效率下降百分比 P 表达式为

$$P = \frac{P^0 - P'}{P^0} \times 100\% \tag{3.4.3}$$

式中：P^0 为初始状态所有输电路径长度的倒数；P' 为故障后新的平衡状态下电力网络所有输电路径长度的倒数。传输效率下降百分比越大，说明节点故障对系统造成的影响越大。

（3）损失负荷百分比 Loss 表达式为

$$\text{Loss} = \left(1 - \frac{\sum\limits_{i \in G'} F_i}{\sum\limits_{i \in G} F_i}\right) \times 100\% \tag{3.4.4}$$

式中：G 和 G' 分别为故障前后的电网；F_i 为线路的传输功率。损失负荷百分比 Loss 越大，说明节点故障对系统造成的影响越大。

上述衡量电力系统故障传播程度的指标多用于陆地互联电力系统的脆弱性评估中。船舶电力系统相比于陆地互联电力系统，网络规模较小，输电路径的长度也较短。因此，线路的阻抗和长度对传输效率的影响是可以忽略的。这里采用效能函数来衡量船舶电力系统故障传播程度，效能函数 E 可以表示为

$$E = \frac{1}{N(N-1)} \sum_{i \neq j \in G} \varepsilon_{ij} \tag{3.4.5}$$

式中：$\varepsilon_{ij} = 1/d_{ij}$（$d_{ij}$ 为连接节点 i 与 j 之间的最短路径上的边数）。当节点 i 与 j 之间不存在路径连接时，$d_{ij} = \infty$，相应地，$\varepsilon_{ij} = 0$，因此 $\varepsilon_{ij} \in (0,1]$。

事实上，输电能力百分比 C 中的输电能力是节点之间阻抗的倒数和，即式（3.4.5）可以理解为带有阻抗权重因素的最短路径边数的倒数和。由于船舶电力系统固有的结构特点，只从电力网络的连接路径来衡量故障传播程度是合理的。

移除相应的节点（节点被移除后不再恢复运行），计算船舶电力系统的效能函数。效能函数下降越多，说明节点移除对系统造成的影响越大，节点越脆弱。

3.4.2 元件移除策略

以复杂环形船舶电力系统为研究对象，节点度数、最大连通子图规模、节点介数、节点效率、节点接近度和网络凝聚度指标辨识结果如表 3.5 所示。表中：成本型指标按指标值由小到大顺序排序；效益性指标按指标值由大到小顺序排序。

表 3.5 节点脆弱性辨识结果比较

排序	节点度数	最大连通子图规模	节点介数	节点效率	节点接近度	网络凝聚度
1	53	53	65	53	9	84
2	57	57	61	57	10	85
3	61	61	57	61	11	72
4	65	65	53	65	12	77
5	54	14	6	9	53	82

排序	节点度数	最大连通子图规模	节点介数	节点效率	节点接近度	网络凝聚度
6	58	22	8	10	57	87
7	62	30	5	11	61	71
8	66	38	7	12	65	76
9	63	55	38	62	30	81
10	67	59	30	66	38	86

以节点度数、最大连通子图规模、节点介数、节点效率、节点接近度和网络凝聚度指标作为六种蓄意移除模式，构成了元件移除策略。

（1）D 模式，将船舶电力系统各节点的度数值由大到小排序，并依次移除排序中的前10 个节点。

（2）G 模式，将船舶电力系统各节点的最大连通子图规模值由小到大排序，并依次移除该排序中的前 10 个节点。

（3）B 模式，将船舶电力系统各节点的介数值由大到小排序，并依次移除该排序中的前 10 个节点。

（4）X 模式，将船舶电力系统各节点的效率值由大到小排序，并依次移除该排序中的前 10 个节点。

（5）C 模式，将船舶电力系统各节点的接近度值由大到小排序，并依次移除该排序中的前 10 个节点。

（6）N 模式，将船舶电力系统各节点的网络凝聚度值由大到小排序，并依次移除该排序中的前 10 个节点。

在上述六种移除模式下,计算复杂环形船舶电力系统的效能函数随移除节点个数的变化如表 3.6 所示。

表 3.6　六种模式下效能函数值随移除节点个数的变化

效能函数	1	2	3	4	5	6	7	8	9	10
D 模式	0.166 2	0.105 8	0.059 9	0.031 4	0.028 7	0.026 0	0.023 3	0.020 7	0.018 3	0.016 0
G 模式	0.166 2	0.105 8	0.059 9	0.031 4	0.030 6	0.029 7	0.028 9	0.028 1	0.026 6	0.025 1
B 模式	0.166 2	0.105 8	0.059 9	0.031 4	0.031 1	0.030 8	0.030 6	0.030 3	0.028 7	0.026 0
X 模式	0.166 2	0.105 8	0.059 9	0.031 4	0.031 4	0.031 4	0.031 4	0.031 4	0.029 7	0.028 7
C 模式	0.203 4	0.192 7	0.181 4	0.170 9	0.133 4	0.089 6	0.054 5	0.031 4	0.030 6	0.029 7
N 模式	0.209 7	0.206 0	0.202 6	0.199 2	0.195 9	0.192 6	0.189 9	0.187 3	0.184 6	0.182 0

为了更直观地观察六种移除模式下复杂环形船舶电力系统效能函数的变化趋势，作移除元件个数与效能函数的变化曲线图，如图 3.10 所示。

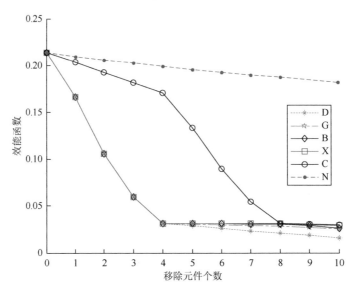

图 3.10　六种移除模式下效能函数的变化趋势

由图 3.10 可见，在 D 模式、G 模式、B 模式和 X 模式下，排序中前 4 个元件全部是主配电板节点。在船舶电力系统中，主配电板非常重要。首先，主配电板受损会使发电机被孤立在电网之外，从而导致某些负载停运；其次，主配电板受损会破坏供电网络的连通性，还会使由该主配电板供电的所有负载直接退出运行。当 4 个主配电板节点全被移除后，网络效能函数下降了 85.3%。而在 C 模式下，排序中前 4 个元件是跨接电缆节点，当这 4 个节点全被移除后，网络效能函数下降了 19.9%。N 模式下，排序中前 4 个元件是负载节点，所以效能函数在 4 个节点被移除后只下降了 6.7%。随着移除元件数目的增加，效能函数下降最快的是 D 模式，当移除 10 个节点后效能函数下降了 92.5%。G 模式、B 模式、X 模式、C 模式和 N 模式下，当移除 10 个节点后效能函数分别下降了 88.2%、87.8%、86.5%、86.1%和 14.8%。从效能函数下降的程度来看，识别船舶电力系统中结构脆弱性的指标按有效性由大到小排序分别为节点度数、最大连通子图规模、节点介数、节点效率、节点接近度和网络凝聚度。而这个顺序也跟船舶电力系统脆弱性评估指标的敏感性分析结果一致。这进一步验证了利用敏感性分析对指标重要程度排序的有效性。

本章参考文献

[1]　胡永宏，贺思辉. 综合评估方法[M]. 北京：科学出版社，2000.

[2]　戴明强，宋业新. 数学模型及其应用[M]. 2 版. 北京：科学出版社，2015.

[3]　秦寿康. 综合评估原理与应用[M]. 北京：电子工业出版社，2003.

[4]　OKOLI C，PAWLOWSKI S D. The Delphi method as a research tool：An example，design considerations and applications[J]. Information & Management，2004，42（1）：15-29.

[5]　ISHIKAWA A. The new fuzzy Delphi methods：economization of GDS[C]. Proceeding of the 26th Hawaii International Conference on System Sciences，1993，（4）：255-264.

[6]　王新洲. 模糊空间信息处理[M]. 武汉：武汉大学出版社，2003.

[7]　刘思峰，杨英杰，吴利丰，等. 灰色系统理论及其应用[M]. 7 版. 北京：科学出版社，2014.

[8]　FASANGHARI M，GHOLAMY N，CHAHARSOOGHI S K，et al. The fuzzy evaluation of e-commerce customer satisfaction

utilizing fuzzy TOPSIS[C]. 2008 International Symposium on Electronic Commerce and Security,2008:870-874.

[9] QU Z M,NIU J P. Application of comprehensive fuzzy evaluation in network course[J]. The 1st International Workshop on Education Technology and Computer Science,2009(1):494-498.

[10] 岳超源. 决策理论和方法[M]. 北京:科学出版社,2002.

[11] ROY B. The problems and methods with multiple objective functions[J]. Mathematical Programming,1971(1):239-266.

[12] BRANS J P,VINCKE P. A preference ranking organization method:The promethee method[J]. Management Science,1985(31):647-656.

[13] 王公宝,徐忠昌,何汉林. 应用泛函分析基础[M]. 北京:科学出版社,2016.

[14] NOLA A D,VENTRE A G S. On fuzzy integral inequalities and fuzzy expectation[J]. Journal of Mathematical Analysis and Applications,1987,125(2):589-599.

[15] HONG D H,LEE S H. Some algebraic properties and a distance measure for interval-valued fuzzy numbers[J]. Information Sciences,2002,148(1-4):1-10.

[16] 蒋艳,岳超源. 方案排序对权重比例变化的敏感性分析[J]. 华中科技大学学报(自然科学版),2002,30(8):24-26.

[17] 谭玉东. 复杂电力系统脆弱性评估方法研究[D]. 长沙:湖南大学,2013.

第 4 章

船舶电力系统脆弱环节辨识

在电力系统脆弱性研究中，系统脆弱环节的辨识是其中一项重要的研究内容。陆地互联电力系统利用复杂网络理论从系统结构寻找系统固有脆弱环节，通过系统中元件故障对系统的影响程度来进行排序和分析。如果船舶电力系统中某一设备所处网络节点对应的结构脆弱性指标值很低，从网络拓扑结构的角度来看，该节点属于强壮节点，不属于船舶电力系统中的脆弱环节；但若该节点的可靠性指标很差，故障率很高，则该节点会由于频繁故障导致网络无法正常运行，从而成为系统中的脆弱环节。因此，除拓扑结构的影响因素外，船舶电力系统中设备的可靠性也会对整个系统的脆弱性产生影响。船舶电力系统脆弱环节的辨识需要从网络拓扑结构和元件可靠性两个方面进行综合考虑，有必要建立考虑元件可靠性的船舶电力系统脆弱环节辨识模型。

4.1　船舶电力系统元件的可靠性及其度量

船舶电力系统相比陆地电力系统有其自身的特点，节点对应设备的可靠性会影响连接路径的可达性，进而影响节点脆弱程度的辨识。图 4.1 所示为一简单的辐射型船舶电力网络拓扑图。图中：节点 1、2、3 代表发电机；节点 4、5、6 代表配电板；节点 7、8、9 代表负载。

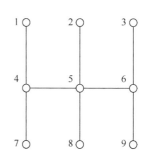

图 4.1　辐射型船舶电力网络拓扑图

在上述电力网络结构中，节点 1、2、3 与节点 7、8、9 处于同等重要的位置，应具有相同的脆弱性。但是，负载节点与发电机节点的可靠性水平是不一样的，发电机节点的可靠性水平比负载节点低，从可靠性角度来看，节点 1、2、3 比节点 7、8、9 更脆弱。

船舶电力系统中的电气设备处在船舶舱室这样一个特殊环境，其高盐、高湿、高温的特点会对设备可靠性产生较大影响。若设备可靠性较差，故障率高，容易造成与之相连的路径失效，从而成为系统中的脆弱环节。因此，有必要对船舶电力系统可靠性进行分析与评估，为后续船舶电力系统脆弱环节的辨识奠定基础。

作为产品的质量属性，可靠性与性能同等重要，二者密不可分。没有可靠性保证的产品，性能指标再好也无法发挥作用；同样，离开产品的性能指标，其可靠性就无从谈起。国军标 GJB 451A[1]可靠性维修性保障性术语中给出的产品可靠性定义是：在规定的条件下和规定的时间内，完成规定功能的能力称为产品的可靠性。

可靠性是指元件在规定的条件和时间内，完成规定功能的能力。以概率为基础的可靠性理论建立在两个基本假设之上：第一，随机不确定性可以由概率进行度量；第二，元件只存在完全正常和完全故障失效两种状态[2]。在研究元件可靠性时，常常将元件分为可修元件和不可修元件。可修元件是指当元件丧失规定的功能后可以通过检修恢复其功能；而当元件丧失规定的功能后检修是不可能的或不划算时，元件发生失效后将被废弃，则称该元件为不可修元件。

4.1.1　不可修元件可靠性指标

1. 寿命分布函数

若不可修元件丧失了规定的功能，则称元件发生失效。从元件开始工作到失效前的时间称为产品寿命（记为 T）。由于产品发生失效是随机的，产品寿命 T 是一个非负随机变量。产品寿命 T 的分布函数为

$$F(t) = P\{T \leqslant t\} \quad (t \geqslant 0) \tag{4.1.1}$$

称 $F(t)$ 为失效分布函数或寿命分布函数，简称寿命分布（life distribution）。它表示产品在 t 时刻前发生失效的概率。在可靠性研究中，确定产品寿命分布函数是一项非常重要

的工作。由概率论的知识可知，寿命分布函数满足如下性质：

① $F(0)=0$；

② $\lim\limits_{t \to \infty} F(t)=1$；

③ $F(t)$ 是 t 的非减右连续函数。

根据元件的实际使用特点，元件寿命通常为连续型随机变量和离散型随机变量。

当元件寿命 T 为连续型随机变量时，元件的寿命分布可以利用失效概率密度函数来表示，即存在非负函数 $f(t)$，使得 $F(t)=\int_0^t f(u)\mathrm{d}u$。

对于许多元件，其寿命常常用使用次数来表示，这些元件的寿命为离散型随机变量，其寿命分布可用分布律来表示。若元件寿命的可能取值为 v_k $(k=1,2,\cdots)$，其寿命分布可以表示为

$$p_k = P\{T=v_k\} \quad (k=1,2,\cdots) \tag{4.1.2}$$

2. 可靠度及可靠度函数

元件在规定的时间内有出现故障的可能性和不出现故障的可能性。t_0 表示元件规定的工作时间，ξ 表示元件发生故障前的工作时间。若 $\xi \leqslant t_0$，则元件在规定时间 t_0 前就出现了故障；若 $\xi > t_0$，则元件在规定时间 t_0 前没有出现故障。

元件的可靠度定义为在规定的条件和时间内完成规定功能的概率，则可靠度 $R(t_0)$ 可以表示为

$$R(t_0) = P\{\xi > t_0\} \tag{4.1.3}$$

随着时间 t 的变化，可靠度也相应变化。记 $R(t)$ 为可靠度函数，由可靠度定义可知

$$R(t) = \frac{N_0 - r(t)}{N_0} \tag{4.1.4}$$

式中：N_0 为初始时刻在规定条件下工作的元件数目；$r(t)$ 为初始时刻到 t 时刻元件的累计故障数目。

可靠度函数是在区间 $[0,\infty)$ 上的非增函数，且 $0 \leqslant R(t) \leqslant 1$。

3. 故障率

已知产品已工作到 t 时刻的情况下，在 t 时刻后单位时间内发生失效的概率称为产品在 t 时刻的故障率函数，简称故障率（failure rate），记为 $\lambda(t)$。由定义，$\lambda(t)$ 可以表示为

$$\lambda(t) = \lim_{\Delta t \to 0} \frac{P\{T \leqslant t + \Delta t \mid T > t\}}{\Delta t} \tag{4.1.5}$$

根据条件概率性质可得

$$\lambda(t) = \lim_{\Delta t \to 0} \frac{P\{T \leqslant t + \Delta t \mid T > t\}}{\Delta t} = \lim_{\Delta t \to 0} \frac{P\{T \leqslant t + \Delta t, T > t\}}{\Delta t P\{T > t\}}$$
$$= \lim_{\Delta t \to 0} \frac{F(t + \Delta t) - F(t)}{\Delta t} \frac{1}{1 - F(t)} = \frac{F'(t)}{1 - F(t)} = \frac{f(t)}{1 - F(t)} \tag{4.1.6}$$

即

$$\lambda(t) = \frac{f(t)}{1 - F(t)} = \frac{F'(t)}{1 - F(t)} = \frac{-R'(t)}{R(t)} \tag{4.1.7}$$

由式（4.1.7）可得

$$\mathrm{d}\ln[R(t)] = -\lambda(t)\mathrm{d}t \tag{4.1.8}$$

于是有

$$R(t) = \exp\left\{-\int_0^t \lambda(t)\mathrm{d}t\right\} \tag{4.1.9}$$

4 平均失效前时间

设有 N_0 个不可修复元件在同样条件下进行试验，全部寿命数据为 $t_1, t_2, \cdots, t_{N_0}$，则平均失效前时间（mean time to failure，MTTF）为

$$\mathrm{MTTF} = \frac{1}{N_0} \sum_{i=1}^{N_0} t_i = \sum_{i=1}^{N_0} E(t_i) \tag{4.1.10}$$

平均失效前时间也称为平均寿命。若样本数比较大，即 N_0 值较大，可以对式（4.1.10）进行处理：将数据划分为 m 组，每组寿命的中值为 t_i，故障频数为 Δr_i，则

$$\mathrm{MTTF} = \frac{1}{N_0} \sum_{i=1}^{m} t_i \Delta r_i \tag{4.1.11}$$

4.1.2 可修元件可靠性指标

在元件实际使用过程中，为了使元件经常保持工作状态，通常在元件发生故障的情况下，对元件进行维修或更换故障部件，使元件恢复到正常工作状态。因此，元件在整个寿命周期内的运行进程是正常与故障交替出现的。对于可修元件，描述其正常工作能力的可靠性指标与不可修元件类似，但又有其固有特点。可修元件的可靠性指标，需要从元件正常工作能力、维修能力，以及二者之间的相互关系等方面定义。

1. 平均首次失效前时间

在研究可修元件的可靠性时，人们特别关心可修元件第一次发生故障的时间，即首次故障前的寿命时间 T_1。若首次故障前时间 T_1 的分布为 $F_1(t) = P\{T_1 \leqslant t\}$，则可修元件的可靠度函数为

$$R(t) = P\{T_1 > t\} = 1 - F_1(t) \tag{4.1.12}$$

它表示可修元件在 $[0,t]$ 时间内能正常工作的概率，此时数学期望

$$ET_1 = \int_0^\infty t\mathrm{d}F_1(t) = \int_0^\infty R(t)\mathrm{d}t \tag{4.1.13}$$

称为平均首次失效前时间（mean time to first failure，MTTFF）。

2. 平均故障间隔时间

对于可修元件，除元件的首次故障前寿命外，人们还十分关心元件在两次故障之间的工作时间。

对于一个可修复的元件而言，若在使用期间发生了 N_0 次故障，每次故障修复后元件继续使用，其使用时间分别为 $t_1, t_2, \cdots, t_{N_0}$，则该元件的平均故障间隔时间（mean time between failure，MTBF）为

$$\mathrm{MTBF} = \frac{1}{N_0} \sum_{i=1}^{N_0} t_i \tag{4.1.14}$$

3. 维修度

设元件故障的持续时间（也称为维修时间）为 Y，由于故障发生的原因、部位、维修的难易程度，以及其所处环境的不同，故障持续时间或维修时间 Y 是随机变量。元件的维修度（maintainability）是指在规定的条件下及规定的时间内，按照规定的程序和方法进行维修时，保持与恢复元件到规定状态的概率，即

$$B(t) = P\{Y < t\} \tag{4.1.15}$$

如果故障持续时间 Y 是连续型随机变量，其密度函数 $b(t) = B'(t)$ 称为修复密度函数。

4. 修复率

可修元件的修复率是指在 t 时刻尚未修复的产品，在 t 时刻以后单位时间内完成修复的概率，记为 $\mu(t)$。由定义可知，修复率 $\mu(t)$ 可以表示为

$$\mu(t) = \lim_{\Delta t \to 0} \frac{P\{Y \leq t + \Delta t \mid Y > t\}}{\Delta t} = \lim_{\Delta t \to 0} \frac{P\{t < Y \leq t + \Delta t\}}{\Delta t P\{Y > t\}} = \frac{b(t)}{1 - B(t)} \tag{4.1.16}$$

于是元件维修度与修复率之间的关系为

$$B(t) = 1 - \exp\left\{-\int_0^t \mu(t)\mathrm{d}t\right\} \tag{4.1.17}$$

$$b(t) = B'(t) = \mu(t)\exp\left\{-\int_0^t \mu(t)\mathrm{d}t\right\} \tag{4.1.18}$$

5. 平均修复时间

设 $Y_1, Y_2, \cdots$ 为产品每次故障持续时间，定义元件的平均修复时间（mean time to repair，MTTR）为

$$\mathrm{MTTR} = \lim_{n \to \infty} \frac{1}{n} \sum_{i=1}^{n} EY_i \qquad (4.1.19)$$

MTTR 表示该元件发生故障时平均维修所持续的时间。在实际中，一般假设维修持续时间 $Y_1, Y_2, \cdots$ 是独立同分布的，此时，平均修复时间可以表示为

$$\mathrm{MTTR} = EY_1 \qquad (4.1.20)$$

6. 可用度

由于可修元件在运行过程中始终处于正常工作和故障两种状态，且两种状态交替出现，其任意时刻的状态可以表示为：$X(t) = 1$，若 t 时刻产品正常；$X(t) = 0$，若 t 时刻产品故障。

可修元件的状态 $\{X(t)\,(t \geqslant 0)\}$ 是一个随机过程，因此元件在 t 时刻的瞬时可用度为

$$A(t) = P\{X(t) = 1\} \qquad (4.1.21)$$

式中：$A(t)$ 为元件在 t 时刻能够正常工作的概率。若 $A = \lim_{t \to \infty} A(t)$ 存在，则称 A 为稳态可用度。

可用度是可修元件的重要可靠性指标之一，它综合反映可修元件的正常工作能力和修复能力。

4.1.3　船舶电力系统常用可靠性参数

本小节将给出部分船舶电力系统节点对应设备的 MTBF 和平均故障率 λ，如表 4.1 所示。

表 4.1　部分船舶电力系统设备可靠性参数

设备	平均故障率	MTBF/h
配电板	0.000 1	10 000
变流器	0.000 3	3 000
逆变器	0.000 3	3 000
燃发机组	0.003	300
柴发机组	0.001	1 000
断路器	0.000 000 62	1 600 000
继电器	0.000 000 83	1 200 000
励磁控制器	0.000 1	10 000
整流二极管	0.000 2	5 000

4.2 船舶电力系统脆弱性评估指标集分析

在对各脆弱性评估指标适用性进行深入分析的基础上，本节选取度数、介数、最大连通图规模和可靠度 4 个指标构成船舶电力系统脆弱性评估指标集，如图 4.2 所示。其中度数、介数和最大连通子图规模指标是通过敏感性分析优选出来的结构脆弱性评估指标。从可靠性理论角度来看，元件的可靠性与规定的条件、时间和功能有关。元件的各类可靠性指标包括可靠度、寿命分布、故障率和 MTBF 等，这些可靠性指标是从元件本身的物理特性出发来衡量元件的重要程度。由于上述可靠性指标存在相互转换的计算公式，这里选取可靠度指标作为元件可靠性指标。元件的可靠度指标是指在规定的条件和时间内完成规定功能的概率，它反映节点元件本身的物理特性。节点的可靠度指标越低，说明该元件的故障率越高，该设备节点会由于频繁故障导致网络无法正常运行而成为系统中的脆弱环节。可靠度指标越小，说明该元件成为系统中脆弱环节的可能性越大，它是成本型指标。

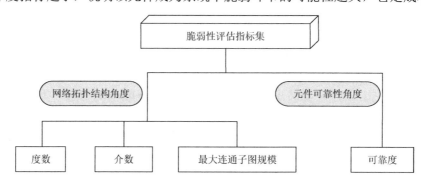

图 4.2 脆弱性评估指标集

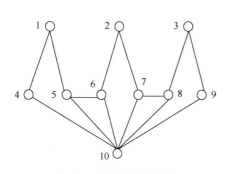

图 4.3 网络拓扑连接图

构成船舶电力系统脆弱性评估指标集的各指标分别从不同角度衡量系统的脆弱性，可以得到比较全面的系统信息，但也有可能存在相悖的结论。图 4.3 所示是一个简单的网络拓扑结构连接图。

对于该网络中的节点 10，其度数为 6，它是该网络中与其他节点具有最多连接关系的节点。从度数指标来看，它是网络中最重要的节点，即脆弱节点；但是从最大连通子图规模指标来看，它并不是网络中最脆弱的节点，把节点 10 从网络中移除，对网络连通水平的影响程度并不大，且与其他节点移除后对网络连通水平的影响是相同的。

分析其他指标也可能得到类似的结论，因此，不能采用叠加的方式对指标进行简单的综合，需要考虑指标之间的权重分配。

4.3　船舶电力系统脆弱性综合评估指标权重的确定

设船舶电力系统等效拓扑模型包含 m 个节点，以集中形式表达的第 i 个节点的脆弱性评估指标 W_i $(i = 1, 2, \cdots, m)$ 可以化为

$$W_i = (w_1, w_2, w_3, w_4) \cdot \begin{pmatrix} b_{i1} \\ b_{i2} \\ b_{i3} \\ b_{i4} \end{pmatrix} = w_1 \cdot b_{i1} + w_2 \cdot b_{i2} + w_3 \cdot b_{i3} + w_4 \cdot b_{i4} \qquad (4.3.1)$$

式中：b_{i1} 为第 i 个节点归一化后的度数指标；b_{i2} 为第 i 个节点归一化后的介数指标；b_{i3} 为第 i 个节点归一化后的最大连通子图规模指标；b_{i4} 为第 i 个节点归一化后的可靠度指标；(w_1, w_2, w_3, w_4) 为度数、介数、最大连通子图规模和可靠度这 4 个指标的权重分配方案，即权重向量。

式（4.3.1）中的指标可以集中量化表示节点的脆弱程度，进而表征节点对应电气设备的脆弱特征，即电力系统的脆弱环节。这里将式（4.3.1）中的指标 W_i 定义为节点脆弱度。节点脆弱度 W_i 用于辨识系统的脆弱环节是否有效，权重向量 (w_1, w_2, w_3, w_4) 的合理性至关重要。

4.3.1　指标权重确定的基本原则及常用方法

权重（也称为权数、权重系数或加权系数）是指各评估指标对评估对象影响程度的大小，是指标重要性的度量。评估指标体系中每个层次的各项指标都有权重，指标权重的确定是系统评估中难度较大的一项工作，往往需要整体上多次调整、反复归纳综合才能完成。

1. 指标权重确定的基本原则

权重的作用是在多指标评估工作中突出重点指标的作用，使多指标合理构建和优化组合，以实现整体最优或满意。在指标体系中，各指标对目标的重要程度不同，衡量各指标对目标的贡献时，应赋予不同权重。

在指标权重的确定过程中，需要遵循如下基本原则。

1）系统优化原则

在多指标评估中，每个指标都希望提高其重要程度。如何处理好各评估指标之间的关系，应当遵循系统优化原则，将系统达到整体最优作为优化目标。在这个原则指导下，对评估指标体系中的各项评估指标进行分析比对，权衡每项指标对整体的作用和效果，合理确定权重。要通过合理权重分配，使各项指标在整体中发挥应有作用。

2）引导意图与现实情况结合原则

权重需要体现某些引导意图和价值观念，当某项指标被认为非常重要时，会被赋予较大权重。但现实常常与人们的主观意图不完全一致，因此在确定权重时，需要将人们的主观意图与现实情况相结合，更为合理地确定权重。

3）群体决策原则

权重一般是人们根据对客观事物的认识和对某项指标重要程度的认识而加以确定的。由于人们的认识存在不一致性，群体决策方法是集中专家群体中每个人的权重分配方案，并最终形成统一的方案。这样的好处在于：一方面可以防止个别人认识与处理问题的片面性，另一方面能够客观协调专家各持己见的矛盾。由专家群体形成的统一权重分配方案，既包括每个专家的方案，但又不全是一个专家的方案。

2. 指标权重确定的常用方法

对于船舶电力系统而言，单一的结构脆弱性指标用于船舶电力系统脆弱环节辨识稍显片面，需要将反映电力系统性能的多项指标（如脆弱性和可靠性等）信息加以汇集，以实现系统脆弱环节的辨识。其中最重要的步骤就是各脆弱性评估指标权重的合理确定。

目前应用较为广泛的权重确定方法主要分为主观赋权法和客观赋权法。主观赋权法主要包括连环比率法、德尔菲法[3-5]、层次分析法（analytic hierarchy process，AHP）[6, 7]和模糊（fuzzy）综合评估法[8-11]。客观赋权法主要包括熵值法[12]、理想解法（technique for order preference by similarity to ideal solution，TOPSIS）[13-15]、离差最大化法[16]和云模型法[17]。

1）主观赋权法

主观赋权法是根据决策者的主观经验和判断，用某种特定法则测算出指标权重的方法。主观赋权法的特点是各评估指标的权重由专家根据经验和对实际的判断给出。在实际应用中，主观赋权法虽然不能准确确定各指标的权重系数，但能在一定程度上按各指标重要程度给定的权重系数实现先后排序。因此，主观赋权法仍然是综合评估中确定各指标权重系数的主要方法。

（1）连环比率法。

连环比率法是先将所有指标按一定顺序排列，然后按顺序从前到后，比较相邻两个指标的相对重要性，依次赋以比率值，并赋以最后一个指标的得分值为1，再从后到前，按比率值依次求出各指标的修正评分值，最后，归一化处理得到各指标的权重。

设有 n 个评估指标 $b_1, b_2, \cdots, b_n$，连环比率法的具体步骤如下。

① 将 n 个指标按任意顺序排列，不妨设为 $b_1, b_2, \cdots, b_n$。

② 从前到后，依次赋以相邻两个指标相对重要程度的比率值。指标 b_i 与 b_{i+1} 比较，赋以指标 b_i 以比率值 r_i $(i=1,2,\cdots,n-1)$，比率值 r_i 按下式确定：

$$r_i = \begin{cases} 3(\text{或}1/3), & f_i \text{比} f_{i+1} \text{重要（或相反）} \\ 2(\text{或}1/2), & f_i \text{比} f_{i+1} \text{较为重要（或相反）} \quad (i=1,2,\cdots,n-1) \\ 1, & f_i \text{与} f_{i+1} \text{同样重要} \end{cases} \tag{4.3.2}$$

③ 计算各指标的修正评分值。赋以 b_n 的修正评分值 $k_n = 1$，根据比率值 r_i 计算各指标的修正评分值 $k_i = r_i \cdot k_{i+1}$ $(i=1,2,\cdots,n-1)$。

④ 进行归一化处理。求出各指标的权重值 $w_i = \dfrac{k_i}{\sum\limits_{i=1}^{n} k_i}$ $(i=1,2,\cdots,n)$。

该方法相对比较简便，但由于赋权结果过于依赖相邻指标的比率值，而比率值有主观判断误差，在逐步计算过程中会产生误差传递，以至影响指标权重的准确性。

（2）德尔菲法。

德尔菲法是一种能够充分综合领域专家知识、经验和信息的方法，也称为专家打分法。其基本步骤如下。

① 选择专家。

② 将各个指标及其有关资料及统一的确定权重的规则发给选定的专家，请他们独立给出各指标的权重。

③ 回收结果并计算各指标权重的均值、标准差，以及各位专家估计值与均值的偏差。

④ 将计算结果及补充资料返还各位专家，要求所有专家在新的基础上确定新权重。

⑤ 重复步骤③和步骤④，直至所有专家给出的各指标权重与其均值的偏差不超过预先给定的标准为止。此时各指标权重的均值作为指标权重。

（3）层次分析法。

层次分析法是美国运筹学家萨迪（Saaty）在 20 世纪 70 年代初提出的，它是将半定性半定量问题转化为定量计算的一种行之有效的方法。把复杂的决策系统层次化，通过逐层比较各种关联因素的重要性来为分析、决策提供定量的依据。

应用层次分析法分析系统决策问题时，首先要把问题条理化、层次化，构造出一个有层次的结构模型。在这个模型下，复杂问题被分解为元素的组成部分，这些元素又按其属性及关系形成若干层次，上一层次的元素作为准则对下一层次有关元素起支配作用。这些层次可以分为三类，即最高层、中间层和最底层。上述各层次之间的支配关系不一定是完全的，即可以存在这样的元素，它并不支配下一层次的所有元素，而仅支配其中部分元素。这种自上而下的支配关系所形成的层次结构称为递阶层次结构。递阶层次结构中的层次数与问题的复杂程度及需要分析的详尽程度有关，一般层次数不受限制。每一层次中各元素所支配的元素一般不要超过 9 个。

递阶层次结构是层次分析法中最简单的层次结构形式。有时，一个复杂问题仅仅用递阶层次结构难以表示，这时就要采用更复杂的形式，如内部依存的递阶层次结构和反馈层次结构等，它们都是递阶层次结构的扩展形式。

层次分析法的基本步骤之一是要比较若干因素对同一目标的影响，从而确定它们在目标中所占的比重。

假设比较 n 个因素 $y = \{y_1, y_2, \cdots, y_n\}$ 对目标 T 的影响，确定它们所占的比重。每次取两个因素 y_i 和 y_j，用 a_{ij} 表示 y_i 与 y_j 对 T 的影响程度之比，按 1~9 的比例标度来度量。n 个元素彼此比较，构成一个成对比较的判断矩阵 $A = (a_{ij})_{n \times n}$，则判断矩阵具有性质：$a_{ij} > 0$，$a_{ij} = \dfrac{1}{a_{ji}}$，$a_{ii} = 1$。称满足上述性质的矩阵 A 为正互反矩阵。

若正互反矩阵 A 满足 $a_{ij} a_{jk} = a_{ik}$ $(i, j, k = 1, 2, \cdots, n)$，则称 A 为一致性判断矩阵，简称一致阵。

关于 a_{ij} 的确定，萨迪引用了数字 1~9 及其倒数作为标度，如表 4.2 所示。

表 4.2   判断矩阵标度及其含义

标度	含义
1	表示两个因素相比，具有同样的重要性
3	表示两个因素相比，一个因素比另一个因素稍微重要
5	表示两个因素相比，一个因素比另一个因素明显重要
7	表示两个因素相比，一个因素比另一个因素强烈重要
9	表示两个因素相比，一个因素比另一个因素极端重要
2, 4	上述两相邻判断的中值
6, 8	上述两相邻判断的中值

由于通过两两成对比较得到的判断矩阵 A 不一定满足矩阵的一致性条件，希望能找到一个数量标准来衡量矩阵 A 不一致的程度。

若 A 是满足一致性条件的正互反矩阵，并且有

$$A = \begin{pmatrix} w_1 \\ w_2 \\ \vdots \\ w_n \end{pmatrix} \left(\frac{1}{w_1}, \frac{1}{w_2}, \cdots, \frac{1}{w_n} \right) \tag{4.3.3}$$

记 $\boldsymbol{w} = (w_1, w_2, \cdots, w_n)^{\mathrm{T}}$，有

$$A\boldsymbol{w} = \boldsymbol{w} \left(\frac{1}{w_1}, \frac{1}{w_2}, \cdots, \frac{1}{w_n} \right) \boldsymbol{w} = n\boldsymbol{w} \tag{4.3.4}$$

这表明 $\boldsymbol{w}$ 为 A 的特征向量，并且特征根为 n。对于一致的判断矩阵，排序向量 $\boldsymbol{w}$ 就是 A 的特征向量。若 A 是一致的正互反矩阵，则有性质：$a_{ii} = 1$，$a_{ij} = a_{ji}^{-1}$，$a_{ij}a_{jk} = a_{ik}$。

另外，一致的正互反矩阵 A 还具有下述性质：

① A 的转置 A^{T} 也是一致的；

② A 的每一行均为任意指定一行的正数倍数，从而 $r(A) = 1$；

③ A 的最大特征根 $\lambda_{\max} = n$，其余的特征根全为 0；

④ 若 A 的最大特征根 $\lambda_{\max}$ 对应的特征向量 $\boldsymbol{w} = (w_1, w_2, \cdots, w_n)^{\mathrm{T}}$，则 $a_{ij} = w_i / w_j$。

由上述性质可知，当 A 是一致阵时，$\lambda_{\max} = n$，将 $\lambda_{\max}$ 对应的特征向量归一化后仍记为 $\boldsymbol{w} = (w_1, w_2, \cdots, w_n)^{\mathrm{T}}$，满足 $\sum_{i=1}^{n} w_i = 1$。

关于正互反矩阵 A，根据矩阵论的佩龙-弗罗贝尼乌斯（Perron-Frobenius）定理，有下面的结论。

定理 4.3.1   若正互反矩阵 A 存在正实数的按模最大的特征根，且这个特征根是单根，其余特征根的模均小于它，则这个最大特征根对应着正的特征向量。

定理 4.3.2 n 阶正互反矩阵 $A = (a_{ij})_{n \times n}$ 是一致阵当且仅当 $\lambda_{\max} = n$。

根据定理 4.3.2，可以检验判断矩阵是否具有一致性。若判断矩阵不具有一致性，则 $\lambda_{\max} > n$。衡量不一致程度的数量指标称为一致性指标，萨迪将它定义为

$$CI = \frac{\lambda_{\max} - n}{n-1} \qquad (4.3.5)$$

由于 $\sum_{i=1}^{n} \lambda_i = n$，实际上 CI 相当于 $n-1$ 个特征根 $\lambda_2, \lambda_3, \cdots, \lambda_n$（最大特征根 $\lambda_{\max}$ 除外）的平均值。当然，对于一致的正互反矩阵来说，一致性指标 CI 等于 0。

显然，仅依靠 CI 值来作为判断矩阵 A 是否具有满意一致性的标准是不够的，因为人们对客观事物的复杂性和认识的多样性，以及可能产生的片面性，与问题的因素多少和规模大小有关，即随着 n（1～9）值的增大，误差也会相应增大。为此，萨迪又提出了平均随机一致性指标 RI。

平均随机一致性指标 RI 是这样得到的：对于固定的 n，随机构造正互反矩阵 A'，其中 a'_{ij} 是从 1, 2, $\cdots$, 9, 1/2, 1/3, $\cdots$, 1/9 中随机抽取的，这样的 A' 是最不一致的，取充分大的子样本（500 个样本）得到 A' 的最大特征根的平均值 $\lambda'_{\max}$，定义

$$RI = \frac{\lambda'_{\max} - n}{n-1} \qquad (4.3.6)$$

令 $CR = CI / RI$，CR 为一致性比率。若 CR＜0.1，则认为判断矩阵具有满意的一致性；否则就需要调整判断矩阵，使之具有满意的一致性。

（4）模糊综合评估法。

模糊综合评估法利用模糊数学中模糊子集或模糊数的概念来确定定性指标的指标值，并借助隶属函数进行处理。

模糊综合评估法的基本步骤如下。

① 确定评判对象的评估指标集。

② 建立指标评判集，也称为评语集，即针对各指标，评估者对评估对象可能做出的评估结果的集合。

③ 基于单项指标的模糊隶属评估，建立多指标的评估模糊隶属关系矩阵。

④ 确定评估指标的模糊权重。

⑤ 计算模糊综合评估值并排序。

模糊综合评估法用隶属程度而非绝对的"属于"或"不属于"来描述差异的中间程度，是用精确的数学语言对模糊性的一种描述。这种对定性指标进行合理量化的方法，较好地解决了综合评估中原始数据的不确定性及评估标准的模糊性等问题。

2）客观赋权法

客观赋权法是根据评估矩阵提供的评估指标的客观信息，用某种特定法则确定指标权重的方法。它主要视评估指标对所有的评估方案差异大小来决定权重系数的大小。常用的客观赋权法有熵值法、理想解法、离差最大化法和云模型法等。

（1）熵值法。

熵是信息论中测度系统不确定性的量。信息量越大，不确定性就越小，熵也越小；信息量越小，不确定性就越大，熵也越大。熵值法主要利用指标的熵值来确定指标权重，其一般步骤如下。

① 对决策矩阵 $R = (r_{ij})_{m \times n}$ 进行归一化处理得到矩阵 $\tilde{R} = (b_{ij})_{m \times n}$，再令

$$p_{ij} = \frac{b_{ij}}{\sum\limits_{i=1}^{m} b_{ij}} \quad (1 \leqslant i \leqslant m; 1 \leqslant j \leqslant n) \tag{4.3.7}$$

② 计算第 j 个指标的熵值

$$e_j = -k \sum_{i=1}^{m} p_{ij} \ln p_{ij} \quad (1 \leqslant j \leqslant n) \tag{4.3.8}$$

式中： $k = 1/\ln m$ 。

③ 计算第 j 个指标的差异系数。定义差异系数为 $g_j = 1 - e_j \, (1 \leqslant j \leqslant n)$ 。对于第 j 个指标，指标值的差异越大，对方案评估的作用越大，熵值越小；差异越小，对方案评估的作用越小，熵值越大。

④ 确定指标权重。第 j 个指标的权重为

$$w_j = \frac{g_j}{\sum\limits_{j=1}^{n} g_j} \tag{4.3.9}$$

（2）理想解法。

理想解法是一种有效的多指标评估方法，它通过构造多指标问题的理想解和负理想解，并以靠近理想解和远离负理想解两个基准作为评估各可行方案的判据。因此，理想解法也称为双基点法。

理想解是指设想各指标属性都达到最满意值的解；负理想解是指设想各指标属性都达到最不满意值的解。

确定了理想解和负理想解，还需要确定一种测度方法来表示各方案目标值靠近理想解和远离负理想解的程度，这种测度称为相对贴近度。根据相对贴近度的大小，可以对各方案进行排序。

设决策矩阵 $\boldsymbol{R} = (r_{ij})_{m \times n}$ ，指标权重向量为 $\boldsymbol{w} = (w_1, w_2, \cdots, w_n)^{\mathrm{T}}$ ，TOPSIS 法的基本步骤如下。

① 对评估矩阵进行归一化处理，得到归一化矩阵 $\tilde{\boldsymbol{R}} = (b_{ij})_{m \times n}$ 。

② 计算加权标准化矩阵 $\boldsymbol{V} = (v_{ij})_{m \times n} = (w_j b_{ij})_{m \times n}$ 。

③ 确定理想解和负理想解分别为

$$V^* = \left\{ \max_{1 \leqslant i \leqslant m} v_{ij} \middle| j \in J^+, \min_{1 \leqslant i \leqslant m} v_{ij} \middle| j \in J^- \right\} = \{v_1^*, v_2^*, \cdots, v_n^*\}$$

$$V^- = \left\{ \min_{1 \leqslant i \leqslant m} v_{ij} \middle| j \in J^+, \max_{1 \leqslant i \leqslant m} v_{ij} \middle| j \in J^- \right\} = \{v_1^-, v_2^-, \cdots, v_n^-\}$$

式中： $J^+ = \{$效益型指标集$\}$ ； $J^- = \{$成本型指标集$\}$ 。

④ 分别计算各方案到理想解和负理想解的距离：

$$S_i^* = \sqrt{\sum_{j=1}^{n} (v_{ij} - v_j^*)^2} \quad (i = 1, 2, \cdots, m) \tag{4.3.10}$$

$$S_i^- = \sqrt{\sum_{j=1}^{n} (v_{ij} - v_j^-)^2} \quad (i = 1, 2, \cdots, m) \tag{4.3.11}$$

⑤ 计算各方案的相对贴近度 $C_i^* = \dfrac{S_i^-}{S_i^- + S_i^*}$ $(i = 1, 2, \cdots, m)$。

⑥ 按相对贴近度的大小对各方案进行排序，相对贴近度最大者为最优方案。

（3）离差最大化法。

离差最大化法是先利用离差最大化思想确定指标权重，然后利用简单线性加权法对方案进行综合评估。

设决策矩阵 $\boldsymbol{R} = (r_{ij})_{m \times n}$，标准化处理后的评估矩阵为 $\tilde{\boldsymbol{R}} = (b_{ij})_{m \times n}$，设标准化之后的指标均为正向指标，即 b_{ij} 越大越好，指标权重向量为 $\boldsymbol{w} = (w_1, w_2, \cdots, w_n)^{\mathrm{T}}$，并满足单位化约束条件 $\sum_{j=1}^{n} w_j^2 = 1$。

在权重向量 $\boldsymbol{w}$ 的作用下，构造加权规范化评估矩阵

$$
\boldsymbol{C} = \begin{array}{c} \\ A_1 \\ A_2 \\ \vdots \\ A_m \end{array}
\begin{array}{cccc} \boldsymbol{f}_1 & \boldsymbol{f}_2 & \cdots & \boldsymbol{f}_n \end{array}
\begin{bmatrix}
w_1 b_{11} & w_2 b_{12} & \cdots & w_n b_{1n} \\
w_1 b_{21} & w_2 b_{22} & \cdots & w_n b_{2n} \\
\vdots & \vdots & \vdots & \vdots \\
w_1 b_{m1} & w_2 b_{m2} & \cdots & w_n b_{mn}
\end{bmatrix}
\tag{4.3.12}
$$

根据简单线性加权法，各评估方案 A_i 的多指标综合评估值可表示为

$$
D_i(\boldsymbol{w}) = \sum_{j=1}^{n} y_{ij} w_j \quad (i = 1, 2, \cdots, m) \tag{4.3.13}
$$

很显然，$D_i(\boldsymbol{w})$ 总是越大越好，$D_i(\boldsymbol{w})$ 越大，表明评估方案 A_i 越好。因此，在权重向量 $\boldsymbol{w}$ 已知的情况下，根据上述公式可以很容易地对各评估方案进行评估或排序。

下面确定权重向量 $\boldsymbol{w}$。若 $\boldsymbol{f}_j$ 指标对所有评估方案而言均无差别（无差异），则 $\boldsymbol{f}_j$ 指标对方案评估和排序将不起作用，这样的评估指标可令其权重为 0；反之，若 $\boldsymbol{f}_j$ 指标能使所有评估方案的属性值有较大差异，这样的评估指标对方案评估和排序将起重要作用，应该给予较大的权重。假设对于 $\boldsymbol{f}_j$ 指标而言，评估方案 A_i 与其他所有评估方案的离差用 $V_{ij}(\boldsymbol{w})$ 来表示，则可以定义

$$
V_{ij}(\boldsymbol{w}) = \sum_{k=1}^{m} |w_j b_{ij} - w_j b_{kj}| \quad (i = 1, 2, \cdots, m; j = 1, 2, \cdots, n) \tag{4.3.14}
$$

令

$$
V_j(\boldsymbol{w}) = \sum_{i=1}^{m} V_{ij}(\boldsymbol{w}) = \sum_{i=1}^{m} \sum_{k=1}^{m} |b_{ij} - b_{kj}| w_j \quad (j = 1, 2, \cdots, n) \tag{4.3.15}
$$

则 $V_j(\boldsymbol{w})$ 表示对 $\boldsymbol{f}_j$ 指标而言，所有评估方案与其他评估方案的总离差。根据前述分析，权重向量 $\boldsymbol{w}$ 的选择应使所有评估指标对所有评估方案的总离差最大。为此，构造目标函数

$$
\max F(\boldsymbol{w}) = \sum_{j=1}^{n} V_j(\boldsymbol{w}) = \sum_{j=1}^{n} \sum_{i=1}^{m} \sum_{k=1}^{m} |b_{ij} - b_{kj}| w_j \tag{4.3.16}
$$

则求解权重向量 $\boldsymbol{w}$ 等价于求解最优化问题

$$\max F(\boldsymbol{w}) = \sum_{j=1}^{n} \sum_{i=1}^{m} \sum_{k=1}^{m} |b_{ij} - b_{kj}| \, w_j$$

$$\text{s.t.} \sum_{j=1}^{n} w_j^2 = 1 \tag{4.3.17}$$

求解最优化模型

$$w_j^* = \frac{\sum_{i=1}^{m} \sum_{k=1}^{m} |b_{ij} - b_{kj}|}{\sqrt{\sum_{j=1}^{n} \left(\sum_{i=1}^{m} \sum_{k=1}^{m} |b_{ij} - b_{kj}| \right)^2}} \quad (j = 1, 2, \cdots, n) \tag{4.3.18}$$

理论上可以证明 $\boldsymbol{w}^* = (w_1^*, w_2^*, \cdots, w_m^*)^\mathrm{T}$ 为目标函数 $F(\boldsymbol{w})$ 的唯一极大值点。由于传统的权重向量一般都是满足归一化约束条件而不是单位化约束条件，在得到单位化权重向量 $\boldsymbol{w}^*$ 之后，为了与人们的习惯用法相一致，可以对 $\boldsymbol{w}^*$ 进行归一化处理，即令

$$\tilde{w}_j^* = \frac{w_j^*}{\sum_{j=1}^{n} w_j^*} \quad (j = 1, 2, \cdots, n) \tag{4.3.19}$$

由此可得

$$\tilde{w}_j^* = \frac{\sum_{i=1}^{m} \sum_{k=1}^{m} |b_{ij} - b_{kj}|}{\sum_{j=1}^{n} \sum_{i=1}^{m} \sum_{k=1}^{m} |b_{ij} - b_{kj}|} \quad (j = 1, 2, \cdots, n) \tag{4.3.20}$$

（4）云模型法。

设 U 是一个用精确数值表示的定量论域，C 是 U 上的定性概念。若定量值 $x \in U$，且 x 是定性概念 C 的一次随机实现，x 对 C 的确定度 $\mu(x) \in [0,1]$ 是具有稳定倾向的随机数

$$\mu : U \to [0,1], \quad \forall x \in U \tag{4.3.21}$$

则 x 在论域 U 上的分布称为云（cloud），每一个 x 称为一个云滴（cloud drop）[18]。

云的数字特征用期望 Ex、熵 En 和超熵 He 来表示，可记为 $C(Ex, En, He)$。期望表示云滴在论域空间分布的期望。熵表示定性概念不确定性的度量，它反映随机性与模糊性之间的关联。超熵是熵不确定性的度量，即熵的熵。

设有 m 位专家，对 n 个指标进行评分，将评分数据归一化，得到各指标的评分值样本 s_{ij} $(i = 1, 2, \cdots, m; j = 1, 2, \cdots, n)$。将样本值作为该项指标的云滴 X_i。采用逆向云发生器计算正向云发生器的三个数字特征值 (Ex, En, He) 分别为

$$Ex = \bar{X} = \frac{1}{N} \sum_{i=1}^{m} X_i \tag{4.3.22}$$

$$En = \sqrt{\frac{\pi}{2}} \times \frac{1}{N} \sum_{i=1}^{m} |X_i - Ex| \tag{4.3.23}$$

$$He = \sqrt{S^2 - En^2} \tag{4.3.24}$$

式中：$S^2 = \dfrac{1}{N-1}\sum_{i=1}^{m}(X_i - Ex)^2$。

再通过正向云发生器计算云滴 X_i 的隶属度为

$$\mu_i = \exp\left\{-\frac{(X_i - Ex)^2}{2(E_n')^2}\right\} \tag{4.3.25}$$

由于专家对各指标权重因子的认识存在差异，会导致云图的凝聚性较差，成雾状分布，需要对专家意见进行反馈与沟通，重新整理从而得到合适的权重云模型。这也是一种客观的赋权方法。第 j 个指标的云模型权重为

$$w_{yj} = \frac{w_j}{\sum_{j=1}^{n} w_j} \tag{4.3.26}$$

4.3.2　自适应综合权重动态获取优化理论

1. 自适应综合权重动态获取优化模型的数学描述

设 m 个节点、n 个指标的决策矩阵为 $\boldsymbol{R} = (r_{ij})_{m \times n}$ $(i=1,2,\cdots,m; j=1,2,\cdots,n)$。按照指标类型将决策矩阵归一化后得到矩阵 $\tilde{\boldsymbol{R}} = (b_{ij})_{m \times n}$ $(i=1,2,\cdots,m; j=1,2,\cdots,n)$。

主观评估的不确定性及客观评估中信息选用的差异性会导致不同的赋权方法得到不同的评估结果。因此，可以将不同的赋权法相结合，这在一定程度上可以避免不同赋权方法各自的缺陷而获得更合理的权重。

若有 v 种赋权方法，w_{kj} $(k=1,2,\cdots,v)$ 表示第 k 种赋权方法得到的第 j 个指标的权重，则权重矩阵为

$$\boldsymbol{W} = \begin{pmatrix} w_{11} & w_{12} & \cdots & w_{1n} \\ w_{21} & w_{22} & \cdots & w_{2n} \\ \vdots & \vdots & & \vdots \\ w_{v1} & w_{v2} & \cdots & w_{vn} \end{pmatrix} \tag{4.3.27}$$

将这 v 种赋权方法综合，设 $\mu_{kj} \in [0,1]$ $(k=1,2,\cdots,v; j=1,2,\cdots,n)$ 为参与系数，则参与系数矩阵为

$$\boldsymbol{\mu} = \begin{pmatrix} \mu_{11} & \mu_{12} & \cdots & \mu_{1n} \\ \mu_{21} & \mu_{22} & \cdots & \mu_{2n} \\ \vdots & \vdots & & \vdots \\ \mu_{v1} & \mu_{v2} & \cdots & \mu_{vn} \end{pmatrix} \tag{4.3.28}$$

注意

$$\boldsymbol{\mu}^{\mathrm{T}} \cdot \boldsymbol{W} = \begin{pmatrix} \sum_{k=1}^{v} \mu_{k1} \cdot w_{k1} & & & \\ & \sum_{k=1}^{v} \mu_{k2} \cdot w_{k2} & & \\ & & \ddots & \\ & & & \sum_{k=1}^{v} \mu_{kn} \cdot w_{kn} \end{pmatrix} \qquad (4.3.29)$$

矩阵 $\boldsymbol{\mu}^{\mathrm{T}} \cdot \boldsymbol{W}$ 的主对角线上元素正是 n 个指标的综合权重，即第 j 个指标的综合权重 w_{sj} 为

$$w_{sj} = \sum_{k=1}^{v} \mu_{kj} w_{kj} \qquad (4.3.30)$$

获得式（4.3.29）中每个指标的参与系数 μ_{kj} 即可得到综合权重。

将式（4.3.26）中的权重矩阵写为分块矩阵的形式为

$$\boldsymbol{W} = \begin{pmatrix} \boldsymbol{x}_1 \\ \boldsymbol{x}_2 \\ \vdots \\ \boldsymbol{x}_v \end{pmatrix} = \begin{pmatrix} w_{11} & w_{12} & \cdots & w_{1n} \\ w_{21} & w_{22} & \cdots & w_{2n} \\ \vdots & \vdots & & \vdots \\ w_{v1} & w_{v2} & \cdots & w_{vn} \end{pmatrix} \qquad (4.3.31)$$

式中：$\boldsymbol{x}_k = (w_{k1}, w_{k2}, \cdots, w_{kn})$ 为第 $k (1 \leqslant k \leqslant v)$ 种赋权方法得到的指标赋权方案。若记 $\boldsymbol{x}_s = (w_{s1}, w_{s2}, \cdots, w_{sn})$ 为综合权重方案，则 $X = \{x_1, x_2, \cdots, x_v, x_s\}$ 为包含 $v+1$ 个元素的赋权方案集。

多属性决策方法通过建立一种在方案集上的偏好结构，实现了对方案集中各方案的排序[19]。要使得综合权重方案排序优于其他方案，仍然可以利用多属性决策方法，建立自适应综合权重动态获取优化模型[20]

$$\max V_l(x_s)$$

$$\mathrm{s.t.} \begin{cases} 0 \leqslant \mu_{kj} \leqslant 1 \, (k = 1, 2, \cdots, v; j = 1, 2, \cdots, n) \\ \sum_{j=1}^{n} \left(\sum_{k=1}^{v} \mu_{kj} w_{kj} \right) = 1 \\ \sum_{k=1}^{v} \mu_{kj} = 1 \end{cases} \qquad (4.3.32)$$

1）目标函数

目标函数 $V_l(x_s)$ 为综合权重方案的评估函数 $V_l(x_s) = \sum_{j=1}^{n} \omega_j V_{sj}(f_j(x_s), f_j(X))$。对于 v 种赋权方法而言，要使得 v 种赋权方法组合后的综合权重方案最优，即需要其评估函数值最大。

本小节的评估函数采用多属性决策方法中的加权和法，即 $V_l(x_s) = \sum_{j=1}^{n} \omega_j w_{sj}$。评估函数中的 ω_j 为多属性决策方法中评估函数的初始属性权重，这里指各指标的初始权重。采用基于距离的初始权重确定优化模型得到各评估指标的初始权重，进而得到目标函数 $V_l(x_s)$。

2）约束条件

在约束条件 $\begin{cases} 0 \leqslant \mu_{kj} \leqslant 1\,(k=1,2,\cdots,v;\ j=1,2,\cdots,n) \\ \sum\limits_{j=1}^{n}\left(\sum\limits_{k=1}^{v}\mu_{kj}w_{kj}\right)=1 \\ \sum\limits_{k=1}^{v}\mu_{kj}=1 \end{cases}$ 中，参与系数矩阵 $\boldsymbol{\mu}$ 中的每一个参

与系数 $\mu_{kj}\in[0,1]$。

$\sum\limits_{k=1}^{v}\mu_{kj}w_{kj}$ 是第 j 个指标的综合权重，由归一性知，n 个指标的综合权重之和为 1，即

$\sum\limits_{j=1}^{n}\left(\sum\limits_{k=1}^{v}\mu_{kj}w_{kj}\right)=1$。

v 种赋权方法对每一个指标的参与系数之和为 1，即 $\sum\limits_{k=1}^{v}\mu_{kj}=1\,(j=1,2,\cdots,n)$。

通过求解优化模型（4.3.31），得到参与系数 μ_{ki}，进而计算各指标的综合权重。通过自适应综合权重动态获取优化模型获得的综合权重方案，从多属性决策的角度来看是最优的权重方案。

将综合权重向量 $(w_{s1},w_{s2},w_{s3},w_{s4})$ 代入式（4.3.1）中，则节点脆弱度 $W_i\,(i=1,2,\cdots,m)$ 可写为

$$W_i = \sum_{j=1}^{4} w_{sj}b_{ij} \qquad (4.3.33)$$

由于节点脆弱度 W_i 中 b_{ij} 为归一化后的结果，$W_i\in[0,1]$。W_i 的值从 0 到 1 的变化，反映了节点脆弱程度由低到高的变化。通过节点脆弱度可以定量地反映节点的脆弱程度，从而实现对船舶电力系统中脆弱环节的辨识。

2. 评估函数意义下的极大元存在性分析

自适应综合权重动态获取优化模型的核心思想是：在一定的约束条件下，利用组合赋权的方式使评估函数达到最大。从多属性决策的角度来看，评估函数值可以表征方案集 X 上的偏好结构 (P,I,R)，偏好关系为方案集中方案的优先排序提供了理论依据[21]。偏好结构 (P,I,R) 是一种拟序关系，在拟序意义下若存在极大元，则从完备性的角度说明自适应综合权重动态获取优化模型的目标，即评估函数达到最大的合理性。下面将重点讨论评估函数意义下极大元的存在性。

定义 4.3.1 （拟序集）X 为一非空集合，定义在 X 中的序关系满足自反性和传递性，则称此序关系为拟序，用 "$\prec$" 表示；非空集 X 称为拟序集，用 "$(X,\prec)$" 表示。若非空集合 X 中的序关系满足自反性、传递性和完全性，则称此序关系为完全偏好；非空集 X 称为完全偏好集。

在船舶电力系统脆弱环节辨识中，v 种赋权方法获得的 n 个评估指标的权重作为方案集 X，则 $X=\{x_1,x_2,\cdots,x_v\}$。此时方案集中元素之间的关系是偏好结构 (P,I,R)，这种偏好

关系满足自反性和传递性，是一种拟序关系，因此方案集 X 是拟序集。逆序关系中 P 表示优于，I 表示无差异于。事实上，若 $\forall x,y \in X$，xPy 与 yPx 同时成立，则称 x 无差异于 y，记为 xIy。而对于 $x_i \in X$，若 $x_nPx_{n-1}, x_{n-1}Px_{n-2}, \cdots x_2Px_1$，即方案 x_k 优于 x_{k-1} $(k=2,3,\cdots,n)$，则意味着 $x_1 \prec x_2 \prec \cdots \prec x_n$。

定义 4.3.2 （极大元）X 是非空拟序集，$p^* \in X$，若不存在 $x \in X$ 使得 xIp^* 且 xPp^*，则称 p^* 为 X 中在拟序意义下的极大元，简称极大元。

定义 4.3.3 （可分）集合 A 称为可分的，若存在可数集 B 使得 B 的闭包 $\overline{B}$ 包含 A。

事实上，若集合 A 中存在可数集 $\{y_n\} \subset A$，使得 $\forall y \in A$，$\exists \{y_{n_k}\} \subset \{y_n\}$ 满足 $y_{n_k} \to y$，则集合 A 是可分的。在可分的概念中，若将条件加强，即集合 A 中存在可数集 $\{y_n\} \subset A$，使得 $\forall y \in A$ 且 $y \neq \sup A(\inf A)$，$\exists \{y_{n_k}\} \subset \{y_n\}$ 满足 $y_{n_k} \to y$，则称集合 A 是上伪可分的（下伪可分的）。

定义 4.3.4 （紧性）集合 A 称为紧的，若任一开集族 $\{B_\lambda : \lambda \in \Lambda\}$ 覆盖 A 时，其中的有限个开集仍然覆盖 A。

容易证明 A 是紧集的等价判断条件为：A 中任一无穷序列 $\{x_n\}$ 一定包含子序列 $\{x_{n_k}\}$，$x_{n_k} \to x$ 且 $x \in A$。

在非线性泛函理论中，佐恩（Zorn）引理是一个非常重要的序定理[22]。

佐恩引理 若非空半序集 X 的每个全序子集 M 在 X 中有上界，则 X 有极大元。

佐恩引理讨论的是半序关系下的极大元问题，这里的偏好关系是一种拟序关系。文献[23]证明了拟序意义下的佐恩引理：若非空拟序集 X 的每个完全偏好子集 M 在 X 中有上界，则 X 有极大元。由该引理，可以得到定理 4.3.3。

定理 4.3.3 若 $(X,\prec)$ 是拟序集，且满足：

（1）X 中满足 $x_1 \prec x_2 \prec \cdots \prec x_n \prec \cdots$ 的序列 $\{x_n\}$ 是紧的；

（2）X 上伪可分。

则 X 中必有极大元。

证明 设 M 为 X 中的完全偏好子集，由拟序意义下的佐恩引理，只需证 M 在 X 中有上界。

根据条件（2）X 上伪可分，存在可数集 $\{x_n\} \subset M$，使得 $\forall x \in M$ 且 $x \neq \sup M$，$\{x_n\}$ 中存在 x_{n_0} 满足 $x \prec x_{n_0}$。

构造序列 $\{z_n\}$：

$$z_1 = x_1, \quad z_2 = \max\{x_1, x_2\}, \quad \cdots, \quad z_n = \max\{x_1, x_2, \cdots, x_n\}, \quad \cdots \qquad (4.3.34)$$

显然，$\{z_n\} \subset \{x_n\} \subset M$，且 $z_1 \prec z_2 \prec \cdots \prec z_n \prec \cdots$。注意到，$x_n \prec z_n$ $(n=1,2,\cdots)$，根据条件（1），$\{z_n\}$ 是紧序列可知，$\{z_n\}$ 中存在子列 $\{z_{n_i}\}$ 及 $z^* \in X$，使得 $z_{n_i} \to z^*$。

因为 $z_1 \prec z_2 \prec \cdots \prec z_n \prec \cdots$，所以 $z_n \prec z^*$ $(n=1,2,\cdots)$。于是 $\forall x \in M$，存在 $z^* \in X$，使得 $x \prec x_{n_0} \prec z_{n_0} \prec z^*$，即 $x \prec z^*$。

综上可知，M 在 X 中有上界，从而存在极大元。证毕。

可见，在船舶电力系统脆弱环节辨识中，若 v 种赋权方法获得的 n 个评估指标的权重方案作为拟序集 X，且满足定理 4.3.3 中的条件，则方案集中必有极大元。

4.4 考虑元件可靠性的船舶电力系统脆弱环节辨识

4.4.1 考虑元件可靠性的船舶电力系统脆弱环节辨识步骤

图 4.4 所示为考虑元件可靠性的船舶电力系统脆弱环节辨识流程。

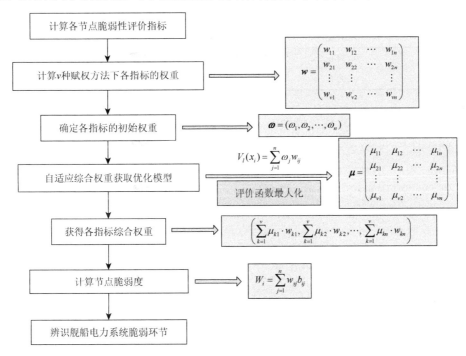

图 4.4 考虑元件可靠性的船舶电力系统脆弱环节辨识流程

通过综合权重计算出船舶电力系统节点脆弱度，可以实现对船舶电力系统脆弱环节的辨识。其具体步骤如下。

（1）计算船舶电力系统中各节点的度数、介数、最大连通子图规模和可靠度指标并对数据进行归一化处理。

（2）选择 v 种赋权方法，计算每一种赋权方法下 4 种脆弱性评估指标的权重。

（3）利用基于距离的初始权重确定优化模型，确定 4 种脆弱性评估指标的初始权重。

（4）将初始权重和 v 种赋权方法计算出的权重方案代入自适应综合权重动态中获取优化模型，通过优化模型计算出参与系数，从而得到各指标的综合权重。

（5）利用综合权重计算节点脆弱度，根据脆弱度的大小辨识出船舶电力系统的脆弱环节。

4.4.2 综合权重获取

不失一般性，本小节将云模型法[24]与熵值法[25]获得的权重方案相结合，利用自适应综合权重动态获取优化模型得到第 j 个指标的综合权重为

$$w_{sj} = \mu_{1j}w_{ej} + \mu_{2j}w_{yj} \tag{4.4.1}$$

式中：μ_{1j}, μ_{2j} 为参与系数，$\mu_{1j}, \mu_{2j} \in [0,1]$。

用云模型法和熵值法分别计算脆弱性评估指标集中各指标的云权重 w_{yj} 和熵权 w_{ej}，如表 4.3 所示。

表 4.3   脆弱性评估指标的云权重和熵权

指标类型	节点度数	节点介数	最大连通子图规模	节点可靠度
云权重	0.134 0	0.275 3	0.430 2	0.160 5
熵权	0.200 2	0.284 2	0.386 9	0.128 7

由基于距离的初始权重优化模型确定各指标的初始权重，并用 MATLAB 软件求解优化模型（4.3.31），可得

$$\begin{cases} \mu_{11} = 0.345\ 9, \\ \mu_{12} = 1, \\ \mu_{13} = 0, \\ \mu_{14} = 1, \end{cases} \quad \begin{cases} \mu_{21} = 0.654\ 1 \\ \mu_{22} = 1 \\ \mu_{23} = 1 \\ \mu_{24} = 0 \end{cases} \tag{4.4.2}$$

综合权重的计算结果如表 4.4 所示。

表 4.4   脆弱性评估指标的综合权重

指标类型	节点度数	节点介数	最大连通子图规模	节点可靠度
综合权重	0.156 9	0.284 2	0.430 2	0.128 7

计算三种方案的评估函数值，方案集的排序如表 4.5 所示。

表 4.5   权重方案排序

方案	评估函数值	排序
云模型法	0.297 5	2
熵值法	0.292 9	3
综合权重法	0.301 6	1

由表 4.5 可以看出，综合权重法评估函数值最大，而从多属性决策的角度来看，评估函数的大小表征了各方案的优先顺序。因此，综合权重法优于熵值法和云模型法。

4.4.3   考虑元件可靠性船舶电力系统脆弱环节辨识应用

利用综合权重，计算得到节点脆弱度如图 4.5 所示。

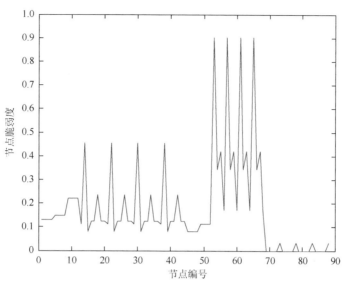

图 4.5　节点脆弱度

将节点脆弱度与熵值法权重方案下的节点脆弱度相比较，并与节点介数、节点度数和最大连通子图规模等传统的脆弱性指标相比较，得到节点脆弱性辨识结果如表 4.6 所示。

表 4.6　节点脆弱性辨识结果比较

排序	节点脆弱度	熵权下节点脆弱度	节点度数	节点介数	最大连通子图规模
1	53	53	53	65	53
2	57	57	57	61	57
3	61	61	61	57	61
4	65	65	65	53	65
5	55	14	54	6	14
6	59	22	58	8	22
7	63	30	62	5	30
8	67	38	66	7	38

由表 4.6 可以看出，上述 5 种指标下排序前 4 的节点都是主配电板节点，区别在于排序位于 5～8 的节点所代表元件的差异。本小节提出的节点脆弱度排序位于 5～8 的节点为分配电板节点。熵值法权重方案下的节点脆弱度与最大连通子图规模指标对节点排序的结果中前 8 个节点是一致的，排序位于 5～8 的节点均为馈线电缆节点。按度数指标对节点排序时，排序位于 5～8 的节点也是分配电板节点，与综合脆弱性指标下排序位于 5～8 的分配电板节点的区别在于其在网络中所处位置的差异。按介数指标对节点排序时，排序位于 5～8 的节点是发电机电缆节点。

为了验证节点脆弱度的有效性，依据各指标的节点排序选择对系统中的脆弱节点进行移除，设计了以下 5 种移除模式。

（1）C 模式，将电力系统各节点的脆弱度由大到小排序，并依次移除该排序中的前 8 个元件。

（2）E 模式，将电力系统各节点的熵值法权重方案下的节点脆弱度由大到小排序，并依次移除该排序中的前 8 个元件。

（3）D 模式，将电力系统各节点的度数值由大到小排序，并依次移除该排序中的前 8 个元件。

（4）G 模式，将电力系统各节点的最大连通子图规模 G_i 值由小到大排序，并依次移除该排序中的前 8 个元件。

（5）B 模式，将电力系统各节点的介数值由大到小排序，并依次移除该排序中的前 8 个元件。

在 C 模式、E 模式、G 模式、D 模式和 B 模式这 5 种移除模式下，环形船舶电力系统的效能函数变化趋势如图 4.6 所示。

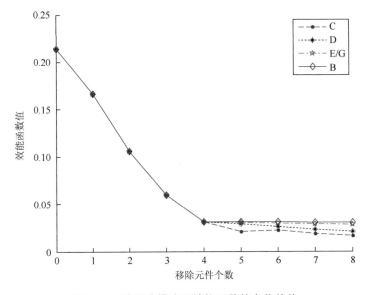

图 4.6　5 种移除模式下效能函数的变化趋势

由于熵值法权重方案下的节点脆弱度与最大连通子图规模指标对节点排序的结果中前 8 个节点是一致的，E 模式与 G 模式下船舶电力系统效能函数变化趋势是一样的。由图 4.6 可见，在 C 模式、E 模式、G 模式、D 模式和 B 模式这 5 种移除模式下，移除的前 4 个节点都是主配电板节点，将主配电板节点移除后，所有发电机节点从电力网络脱离，负载因失去供电路径停运，网络效能函数下降迅速。当网络中移除了 8 个节点后，C 模式下的效能函数下降得最快。

由于 C 模式、E 模式、G 模式、D 模式和 B 模式这 5 种脆弱性指标下辨识出的排序前 4 的节点都是主配电板节点，为了更清晰地展示出节点脆弱度的有效性，下面的讨论中不对主配电板进行移除，只对 5 种模式下排序 5～8 的节点进行移除，分析效能函数下降的变化趋势。结果如图 4.7 所示。

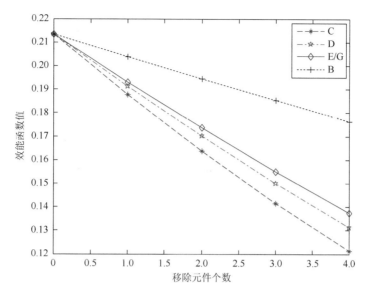

图 4.7　移除 5 种模式下排序 5~8 的节点效能函数的变化趋势

由图 4.7 可以看到，在不同节点移除方式下船舶电力系统效能函数的变化趋势中，C模式下效能函数下降得最快。这也反映了自适应综合权重动态获取优化模型得到综合权重方案的有效性，以及节点脆弱度辨识系统脆弱环节的合理性。

本章参考文献

[1] 中国人民解放军总装备部. 可靠性维修性保障性术语[S]. 国家军用标准 GJB 451A—2005，2005.

[2] 芮延年，傅戈雁. 现代可靠性设计[M]. 北京：国防工业出版社，2007.

[3] 秦寿康. 综合评估原理与应用[M]. 北京：电子工业出版社，2003.

[4] OKOLI C，PAWLOWSKI S D. The Delphi method as a research tool：an example，design considerations and applications[J]. Information&Management，2004，42（1）：15-29.

[5] ISHIKAWA A. The new fuzzy Delphi methods：Economization of GDS[C]. Proceeding of the 26th Hawaii International Conference on System Sciences，1993（4）：255-264.

[6] SATTY T L. The analytic hierarchy process[M]. New York：McGraw-Hill，1980.

[7] LIU Y W，KWON Y J，KANG B D. A fuzzy AHP approach to evaluating ecommerce websites[C]. The 5th ACIS International Conference on Software Engineering Research，Management&Applications，2007：114-124.

[8] FASANGHARI M，GHOLAMY N，CHAHARSOOGHI S K，et al. The fuzzy evaluation of e-commerce customer satisfaction utilizing fuzzy TOPSIS[C]. 2008 International Symposium on Electronic Commerce and Security，2008：870-874.

[9] QU Z M，NIU J P. Application of comprehensive fuzzy evaluation in network course[J]. The 1st International Workshop on Education Technology and Computer Science，2009（1）：494-498.

[10] 叶义成，柯丽华，黄德育. 系统综合评估技术及其应用[M]. 北京：冶金工业出版社，2006.

[11] 李远远，云俊. 多属性综合评估指标体系理论综述[J]. 武汉理工大学学报（信息与管理工程版），2009，31（2）：305-309.

[12] 程启月. 评测指标权重确定的结构熵权法[J]. 系统工程理论与实践，2010，30（7）：1225-1228.

[13] FAN Z P，LIU Y. A method for group decision-making based on multi-granularity uncertain linguistic information[J]. Expert Systems with Applications，2010，37（5）：4000-4008.

[14] ZHANG Z，GUO C H. A method for multi-granularity uncertain linguistic group decision making with incomplete weight information[J] . Knowledge-Based Systems，2012，26：111-119.

[15] SU Z X，CHEN M Y，XIA G P，et al. An interactive method for dynamic intuitionistic fuzzy multi-attribute group decision making[J]. Expert Systems with Applications，2011，38（12）：15286-15295.

[16] 黄宗盛，胡培，聂佳佳. 基于离差最大化的交叉效率评估方法[J]. 运筹与管理，2012，21（6）：177-181.

[17] 李德毅，杜益. 不确定性人工智能[M]. 北京：国防工业出版社，2005.

[18] 李德毅，刘常昱，杜鹢，等. 不确定性人工智能[J]. 软件学报，2004，15（11）：1583-1594.

[19] 李远远，云俊. 多属性综合评估指标体系理论综述[J]. 武汉理工大学学报（信息与管理工程版），2009，31（2）：305-309.

[20] 梅丹，王公宝，叶志浩，等. 考虑元件可靠性的舰船电力网络综合脆弱性分析[J]. 电机与控制学报，2017，21（4）：70-74，82.

[21] 郭耀煌，刘家诚，刘常青，等. 格序决策[M]. 上海：上海科学技术出版社，2003.

[22] 郭大钧. 非线性泛函分析[M]. 济南：山东科学技术出版社，2003.

[23] 张金清. 不完全偏好下的极大元定理及其应用[J]. 复旦学报（自然科学版），2005，44（3）：343-346，362.

[24] LI J，HE Z M，WANG Y Y，et al. A two-dimensional cloud model for condition assessment of HVDC converter transformers[J]. Energies，2012，5（12）：157-167.

[25] 程启月. 评测指标权重确定的结构熵权法[J]. 系统工程理论与实践，2010，30（7）：1225-1228.

第 5 章

基于多尺度范数的船舶电力系统脆弱程度评估

在电力系统脆弱性的评估研究中，大部分的工作都集中在元件级脆弱性的研究，即从不同的角度、不同的方法辨识出对系统产生重要影响的关键节点或线路。系统级脆弱性集中刻画电力系统总体脆弱性特征，即如何从系统各个元件的脆弱性指标得到系统整体脆弱性指标。如果说元件级脆弱性是从"微观"角度衡量脆弱性的，那么系统级脆弱性则是从"宏观"角度对系统脆弱程度的评估。

前面的章节中，利用考虑元件可靠性的船舶电力系统脆弱环节辨识模型计算了船舶电力系统中各节点脆弱度，从而实现了对船舶电力系统脆弱节点的辨识。但这一指标只能衡量单一节点的脆弱性，无法对整个船舶电力系统的脆弱程度进行衡量。而船舶电力系统脆弱性评估除了包括电力系统中脆弱环节的辨识，还包括船舶电力系统脆弱程度的整体衡量。本章将基于多尺度范数对船舶电力系统脆弱程度进行量化评估，利用积空间上的范数提出船舶电力系统脆弱程度变化趋势的衡量指标，从不同的尺度实现对船舶电力系统整体脆弱程度的全面评估。

5.1　基于脆弱性的船舶电力系统数学描述分析

对船舶电力系统脆弱程度进行评估，首先必须要对电力系统进行恰当的数学描述，即建立系统脆弱性描述的数学模型。

5.1.1　船舶电力系统脆弱性描述的数学模型分析

1. 船舶电力系统脆弱性描述变量

设船舶电力系统的脆弱性描述指标可以划分为 n 种，即 $I_1, I_2, \cdots, I_n$，系统脆弱性指标的集合族为

$$\Omega = \{I_1, I_2, \cdots, I_n\} \tag{5.1.1}$$

船舶电力系统网络拓扑结构的改变以及船舶电力系统网络中节点对应设备可靠性的改变都会对船舶电力系统脆弱程度产生影响。若船舶电力系统网络中节点数量和位置均不变，则节点之间拓扑连接关系的变化对应着系统不同的状态；若船舶电力系统网络拓扑结构不变，则网络中节点对应设备可靠性指标的变化可以理解为广义的系统状态的改变。同一系统在不同状态下对应的脆弱程度是不同的。

设船舶电力系统存在 p 个状态，记系统状态的集合族为

$$S = \{S_1, S_2, \cdots, S_p\} \tag{5.1.2}$$

若船舶电力系统等效拓扑模型包含 m 个节点，则在系统第 i 个状态下第 j 个脆弱性指标的脆弱值向量 $V_j(i)$ 可表示为

$$V_j(i) = \begin{pmatrix} v_{1j}(i) \\ v_{2j}(i) \\ \vdots \\ v_{mj}(i) \end{pmatrix} \quad (i = 1, 2, \cdots, p; j = 1, 2, \cdots, n) \tag{5.1.3}$$

式中：$v_{kj}(i)$ 为第 i 个状态下第 k 个节点的第 j 个脆弱性指标值。遍历各节点，即当 $k = 1, 2, \cdots, m$ 时，脆弱值向量 $v_j(i)$ 可完全确定。

不同脆弱性指标的属性存在差异，在确定了第 i 个状态下第 j 个脆弱性指标的脆弱值向量 $v_j(i)$ 后，需要对指标值进行归一化处理，可以得到第 k $(k = 1, 2, \cdots, m)$ 个节点脆弱性指标值的相对值。第 i 个状态下第 j 个脆弱性指标的脆弱值相对值向量 $\tilde{v}_j(i)$ 可以表示为

$$\tilde{v}_j(i) = \begin{pmatrix} x_1(v_{1j}(i)) \\ x_2(v_{2j}(i)) \\ \vdots \\ x_m(v_{mj}(i)) \end{pmatrix} \tag{5.1.4}$$

由脆弱性指标值的相对值 $x_{kj}(i)$ $(k=1,2,\cdots,m)$ 为坐标张成的空间称为第 j 个脆弱性指标下的 m 维系统脆弱性状态空间。

2. 船舶电力系统脆弱性状态空间模型

设 r 维控制向量

$$\boldsymbol{u}_j(i)=\begin{pmatrix} u_{1j}(i) \\ u_{2j}(i) \\ \vdots \\ u_{rj}(i) \end{pmatrix} \tag{5.1.5}$$

可以使得在第 j 个脆弱性指标下脆弱性状态空间中的点向所期望的位置上移动，则邻近的两个系统脆弱性状态下第 j 个脆弱性指标值的相对值之间的关系可以用如下转换方程来描述：

$$\tilde{\boldsymbol{v}}_j(i+1)=F_j\{\tilde{\boldsymbol{v}}_j(i),\boldsymbol{u}_j(i),i\} \tag{5.1.6}$$

转换方程反映了第 j 个脆弱性指标值的相对值随系统状态变换的情况，描述了邻近的两个系统脆弱性状态下第 j 个脆弱性指标值的相对值之间的关系。

船舶电力系统第 j 个脆弱性指标的输出向量是其脆弱性状态集合中的一个子集，其输出方程为

$$\boldsymbol{y}_j(i)=G_j\{\tilde{\boldsymbol{v}}_j(i),i\} \tag{5.1.7}$$

式中： $\boldsymbol{y}_j(i)=\begin{pmatrix} y_{1j}(i) \\ y_{2j}(i) \\ \vdots \\ y_{lj}(i) \end{pmatrix}$ 为 l 维脆弱性输出向量。输出方程反映了船舶电力系统在第 j 个脆弱性指标下第 i 个状态的脆弱程度。

式（5.1.6）和式（5.1.7）中 F_j 和 G_j 为各自变量的函数。若 F_j 和 G_j 为各自变量的线性函数，则转换方程和输出方程可以分别表示为

$$\tilde{\boldsymbol{v}}_j(i+1)=\boldsymbol{A}_j(i)\tilde{\boldsymbol{v}}_j(i)+\boldsymbol{B}_j(i)\boldsymbol{u}_j(i) \tag{5.1.8}$$

$$\boldsymbol{y}_j(i)=\boldsymbol{C}_j(i)\tilde{\boldsymbol{v}}_j(i) \tag{5.1.9}$$

式中： $\boldsymbol{A}_j(i)$ 为 m 行 m 列矩阵，称为系统矩阵； $\boldsymbol{B}_j(i)$ 为 m 行 r 列矩阵，称为控制矩阵； $\boldsymbol{C}_j(i)$ 为 l 行 m 列矩阵，称为输出矩阵。此时，三元组 $\{\boldsymbol{A}_j(i),\boldsymbol{B}_j(i),\boldsymbol{C}_j(i)\}$ 可以确定船舶电力系统第 j 个脆弱性指标下的脆弱性状态空间描述。如果 $\{\boldsymbol{A}_j(i),\boldsymbol{B}_j(i),\boldsymbol{C}_j(i)\ (i=1,2,\cdots,p)\}$ 已知，给定初始状态 $\tilde{\boldsymbol{v}}_j(0)$ 和控制向量 $\boldsymbol{u}_j(i)$ 后，船舶电力系统各脆弱性状态下第 j 个脆弱性指标的脆弱值相对值和脆弱性输出向量可以通过式（5.1.8）和式（5.1.9）计算。

式（5.1.6）和式（5.1.7）构成了以第 j 个脆弱性指标为描述变量的船舶电力系统状态空间模型。但是船舶电力系统脆弱性的描述指标可能不止一个，若船舶电力系统的脆弱性描述指标有 n 个，则船舶电力系统脆弱性状态空间模型可表示为

$$
\begin{aligned}
&(\tilde{v}_1(i+1),\ \tilde{v}_2(i+1),\ \cdots,\ \tilde{v}_n(i+1)) \\
&= F\{\tilde{v}_1(i),\ \tilde{v}_2(i),\ \cdots,\ \tilde{v}_n(i)\} \\
&= (F_1\{\tilde{v}_1(i),\boldsymbol{u}_1(i),i\},\ F_2\{\tilde{v}_2(i),\boldsymbol{u}_2(i),i\},\ \cdots,\ F_n\{\tilde{v}_n(i),\boldsymbol{u}_n(i),i\})
\end{aligned} \tag{5.1.10}
$$

$$
\begin{aligned}
&(\boldsymbol{y}_1(i),\ \boldsymbol{y}_2(i),\ \cdots,\ \boldsymbol{y}_n(i)) \\
&= G\{\tilde{v}_1(i),\ \tilde{v}_2(i),\ \cdots,\ \tilde{v}_n(i)\} \\
&= (G_1\{\tilde{v}_1(i),i\},\ G_2\{\tilde{v}_2(i),i\},\ \cdots,\ G_n\{\tilde{v}_n(i),i\})
\end{aligned} \tag{5.1.11}
$$

式（5.1.10）为船舶电力系统脆弱性转换方程，它描述了邻近的两个系统脆弱性状态下脆弱性指标值相对值之间的关系。式（5.1.11）为船舶电力系统脆弱性输出方程，它反映了船舶电力系统在第 i 个状态下的脆弱程度。

若 F_j 和 G_j 为各自变量的线性函数，则转换方程和输出方程可以分别表示为

$$
\begin{aligned}
&(\tilde{v}_1(i+1),\ \tilde{v}_2(i+1),\ \cdots,\ \tilde{v}_n(i+1)) \\
&= F\{\tilde{v}_1(i),\ \tilde{v}_2(i),\ \cdots,\ \tilde{v}_n(i)\} \\
&= (\boldsymbol{A}_1(i)\tilde{v}_1(i)+\boldsymbol{B}_1(i)\boldsymbol{u}_1(i),\ \boldsymbol{A}_2(i)\tilde{v}_2(i)+\boldsymbol{B}_2(i)\boldsymbol{u}_2(i),\ \cdots,\ \boldsymbol{A}_n(i)\tilde{v}_n(i)+\boldsymbol{B}_n(i)\boldsymbol{u}_n(i))
\end{aligned} \tag{5.1.12}
$$

$$
\begin{aligned}
&(\boldsymbol{y}_1(i),\ \boldsymbol{y}_2(i),\ \cdots,\ \boldsymbol{y}_n(i)) \\
&= G\{\tilde{v}_1(i),\ \tilde{v}_2(i),\ \cdots,\ \tilde{v}_n(i)\} \\
&= (\boldsymbol{C}_1(i)\tilde{v}_1(i),\ \boldsymbol{C}_2(i)\tilde{v}_2(i),\ \cdots,\ \boldsymbol{C}_n(i)\tilde{v}_n(i))
\end{aligned} \tag{5.1.13}
$$

特别地，若 $r=m$（即一个输入控制一个状态，一个状态仅被一个输入控制），$l=1$（即输出向量为 1 维的情形，表示第 j 个脆弱性指标的脆弱值总相对值），此时矩阵 $\boldsymbol{A}_j(i)$，$\boldsymbol{B}_j(i)$，$\boldsymbol{C}_j(i)$ 分别具有如下结构形式：

$$
\boldsymbol{A}_j(i) = \begin{pmatrix} a_{1j}(i) & & & \\ & a_{2j}(i) & & \\ & & \ddots & \\ & & & a_{mj}(i) \end{pmatrix}_{m \times m} \tag{5.1.14}
$$

$$
\boldsymbol{B}_j(i) = \begin{pmatrix} 1 & & & \\ & 1 & & \\ & & \ddots & \\ & & & 1 \end{pmatrix}_{m \times m} \tag{5.1.15}
$$

$$
\boldsymbol{C}_j(i) = (1 \quad 1 \quad \cdots \quad 1)_{1 \times m} \tag{5.1.16}
$$

式中：$A_j(i)$ 中主对角线上元素为船舶电力系统网络中第 j 个脆弱性指标下每个节点脆弱值相对值的影响系数。

此时船舶电力系统脆弱性转换方程可以表示为

$$
\begin{aligned}
&(\tilde{v}_1(i+1),\ \tilde{v}_2(i+1),\ \cdots,\ \tilde{v}_n(i+1)) \\
&= \begin{pmatrix}
x_{11}(i+1) & x_{12}(i+1) & \cdots & x_{1n}(i+1) \\
x_{21}(i+1) & x_{22}(i+1) & \cdots & x_{2n}(i+1) \\
\vdots & \vdots & & \vdots \\
x_{m1}(i+1) & x_{m2}(i+1) & \cdots & x_{mn}(i+1)
\end{pmatrix} \\
&= \begin{pmatrix}
a_{11}(i)x_{11}(i) & a_{12}(i)x_{12}(i) & \cdots & a_{1n}(i)x_{1n}(i) \\
a_{21}(i)x_{21}(i) & a_{22}(i)x_{22}(i) & \cdots & a_{2n}(i)x_{2n}(i) \\
\vdots & \vdots & & \vdots \\
a_{m1}(i)x_{m1}(i) & a_{m2}(i)x_{m2}(i) & \cdots & a_{mn}(i)x_{mn}(i)
\end{pmatrix} + \begin{pmatrix}
u_{11}(i) & u_{12}(i) & \cdots & u_{1n}(i) \\
u_{21}(i) & u_{22}(i) & \cdots & u_{2n}(i) \\
\vdots & \vdots & & \vdots \\
u_{m1}(i) & u_{m2}(i) & \cdots & u_{mn}(i)
\end{pmatrix} \\
&= \sum_{j=1}^{n} A_j(i)V_{ji} + U(i)
\end{aligned}
\tag{5.1.17}
$$

式中：$V_{ji} = \begin{pmatrix} 0 & 0 & \cdots & x_{1j}(i) & \cdots & 0 & 0 \\ 0 & 0 & \cdots & x_{2j}(i) & \cdots & 0 & 0 \\ \vdots & \vdots & & \vdots & & \vdots & \vdots \\ 0 & 0 & \cdots & x_{mj}(i) & \cdots & 0 & 0 \end{pmatrix}_{m \times n}$ $(j=1,2,\cdots,n)$；$U(i) = \begin{pmatrix} u_{11}(i) & u_{12}(i) & \cdots & u_{1n}(i) \\ u_{21}(i) & u_{22}(i) & \cdots & u_{2n}(i) \\ \vdots & \vdots & & \vdots \\ u_{m1}(i) & u_{m2}(i) & \cdots & u_{mn}(i) \end{pmatrix}$。

船舶电力系统脆弱性输出方程可以表示为

$$
\begin{aligned}
&(y_1(i),\ y_2(i),\ \cdots,\ y_n(i)) \\
&= (C_1(i)\tilde{v}_1(i),\ C_2(i)\tilde{v}_2(i),\ \cdots,\ C_n(i)\tilde{v}_n(i)) \\
&= \left(\sum_{k=1}^{m} x_{k1}(i),\ \sum_{k=1}^{m} x_{k2}(i),\ \cdots,\ \sum_{k=1}^{m} x_{kn}(i) \right) \\
&= \sum_{j=1}^{n} C_j(i)V_{ji}
\end{aligned}
\tag{5.1.18}
$$

5.1.2　空间坐标系下船舶电力系统脆弱性描述的数学模型分析

4.2 节在对各脆弱性指标适用性进行深入分析的基础上，选取节点度数、节点介数、最大连通子图规模和节点可靠度 4 个指标构成了船舶电力系统脆弱性评估指标集。船舶电力系统脆弱性指标的集合族为

$$
\Omega = \{I_1, I_2, I_3, I_4\}
\tag{5.1.19}
$$

式中：I_1, I_2, I_3, I_4 分别表示节点度数、节点介数、最大连通子图规模和节点可靠度指标。

船舶电力系统等效拓扑模型包含 m 个节点，并且船舶电力系统存在 p 个状态。遍历各节点，即当 $k=1,2,\cdots,m$ 时，在第 i 个状态下脆弱值向量 $v_j(i)$ $(i=1,2,\cdots,p)$ 可以完全确定：

$$\boldsymbol{v}_j(i) = \begin{pmatrix} v_{1j}(i) \\ v_{2j}(i) \\ \vdots \\ v_{mj}(i) \end{pmatrix} \quad (j = 1, 2, 3, 4) \tag{5.1.20}$$

式中：$v_{k1}(i), v_{k2}(i), v_{k3}(i), v_{k4}(i)$ 分别为船舶电力系统第 i 个状态下第 k 个节点的度数、介数、最大连通子图规模和可靠度指标值。

船舶电力系统第 i 个状态下节点度数指标相对值向量 $\boldsymbol{b}_1(i)$、节点介数指标相对值向量 $\boldsymbol{b}_2(i)$、节点最大连通子图规模指标相对值向量 $\boldsymbol{b}_3(i)$ 和节点可靠度指标相对值向量 $\boldsymbol{b}_4(i)$ 可以表示为

$$\boldsymbol{b}_1(i) = \tilde{\boldsymbol{v}}_1(i) = \begin{pmatrix} x_1(v_{11}(i)) \\ x_2(v_{21}(i)) \\ \vdots \\ x_m(v_{m1}(i)) \end{pmatrix} = \begin{pmatrix} b_{11}(i) \\ b_{12}(i) \\ \vdots \\ b_{1m}(i) \end{pmatrix} \tag{5.1.21}$$

$$\boldsymbol{b}_2(i) = \tilde{\boldsymbol{v}}_2(i) = \begin{pmatrix} x_1(v_{12}(i)) \\ x_2(v_{22}(i)) \\ \vdots \\ x_m(v_{m2}(i)) \end{pmatrix} = \begin{pmatrix} b_{21}(i) \\ b_{22}(i) \\ \vdots \\ b_{2m}(i) \end{pmatrix} \tag{5.1.22}$$

$$\boldsymbol{b}_3(i) = \tilde{\boldsymbol{v}}_3(i) = \begin{pmatrix} x_1(v_{13}(i)) \\ x_2(v_{23}(i)) \\ \vdots \\ x_m(v_{m3}(i)) \end{pmatrix} = \begin{pmatrix} b_{31}(i) \\ b_{32}(i) \\ \vdots \\ b_{3m}(i) \end{pmatrix} \tag{5.1.23}$$

$$\boldsymbol{b}_4(i) = \tilde{\boldsymbol{v}}_4(i) = \begin{pmatrix} x_1(v_{14}(i)) \\ x_2(v_{24}(i)) \\ \vdots \\ x_m(v_{m4}(i)) \end{pmatrix} = \begin{pmatrix} b_{41}(i) \\ b_{42}(i) \\ \vdots \\ b_{4m}(i) \end{pmatrix} \tag{5.1.24}$$

船舶电力系统邻近的两个状态下第 j $(j = 1, 2, 3, 4)$ 个脆弱性指标值的相对值之间的关系可以用如下转换方程来描述：

$$\boldsymbol{b}_j(i+1) = F_j\{\boldsymbol{b}_j(i), \boldsymbol{u}_j(i), i\} \tag{5.1.25}$$

船舶电力系统在第 j 个脆弱性指标下第 i 个状态的脆弱性输出方程为

$$\boldsymbol{y}_j(i) = G_j\{\boldsymbol{b}_j(i), i\} \tag{5.1.26}$$

因此船舶电力系统脆弱性状态空间模型可表示为

$$\begin{aligned} &(\boldsymbol{b}_1(i+1), \ \boldsymbol{b}_2(i+1), \ \boldsymbol{b}_3(i+1), \ \boldsymbol{b}_4(i+1)) \\ &= F\{\boldsymbol{b}_1(i), \ \boldsymbol{b}_2(i), \ \boldsymbol{b}_3(i), \ \boldsymbol{b}_4(i)\} \\ &= (F_1\{\boldsymbol{b}_1(i), \boldsymbol{u}_1(i), i\}, \ F_2\{\boldsymbol{b}_2(i), \boldsymbol{u}_2(i), i\}, \ F_3\{\boldsymbol{b}_3(i), \boldsymbol{u}_3(i), i\}, \ F_4\{\boldsymbol{b}_4(i), \boldsymbol{u}_4(i), i\}) \end{aligned} \tag{5.1.27}$$

$$(\boldsymbol{y}_1(i),\ \boldsymbol{y}_2(i),\ \boldsymbol{y}_3(i),\ \boldsymbol{y}_4(i))$$
$$= G\{\boldsymbol{b}_1(i),\ \boldsymbol{b}_2(i),\ \boldsymbol{b}_3(i),\ \boldsymbol{b}_4(i)\} \tag{5.1.28}$$
$$= (G_1\{\boldsymbol{b}_1(i),i\},\ G_2\{\boldsymbol{b}_2(i),i\},\ G_3\{\boldsymbol{b}_3(i),i\},\ G_4\{\boldsymbol{b}_4(i),i\})$$

转换方程（5.1.27）和输出方程（5.1.28）构成了船舶电力系统脆弱性的状态空间模型。

5.2　基于综合脆弱度范数的船舶电力系统脆弱程度评估

5.1 节中从节点度数、节点介数、最大连通子图规模和节点可靠度 4 个指标建立了船舶电力系统脆弱性的状态空间模型，通过转换方程和输出方程可以确定船舶电力系统脆弱性的状态空间描述。其中输出方程反映了船舶电力系统在某一项脆弱性指标下的脆弱程度。本节将节点度数、节点介数、最大连通子图规模和节点可靠度这 4 种脆弱性指标下的输出方程相关联，形成反映船舶电力系统脆弱程度变化趋势的衡量指标。

5.2.1　脆弱性指标集泛函性质分析

定义 5.2.1　（范数[1]）若 X 为线性空间，Φ 为标量域，$\forall x \in X$，有与之对应的实数 $\|x\|$ 满足：

（1）$\|x\| \geqslant 0$，$\forall x \in X$ 且 $\|x\| = 0$ 当且仅当 $x = 0$；

（2）$\|\alpha x\| = |\alpha|\|x\|$，$\forall \alpha \in \Phi$，$x \in X$；

（3）$\|x+y\| \leqslant \|x\| + \|y\|$，$\forall x,y \in X$。

则称 $\|x\|$ 为 X 上的范数。此时，$(X,\|\ \|)$ 为线性赋范空间，简记为 X。

事实上，若定义 $\rho(x,y) = \|x-y\|$，$\forall x,y \in X$，两元素之差的范数即为二者之间的距离。因此，线性赋范空间必是距离空间。

定义 5.2.2　（p 范数）l^p（$p=1,2,\cdots$）是使 $\sum\limits_{n=1}^{\infty}|x_n|^p < \infty$ 成立的元素全体。$\forall x \in l^p$，$\|x\|_p = \left(\sum\limits_{n=1}^{\infty}|x_n|^p\right)^{1/p}$ 称为 l^p 空间上的 p 范数。

定义 5.2.3　（等价范数）线性空间 X 上的两个范数 $\|\cdot\|_1$ 与 $\|\cdot\|_2$ 彼此等价，若存在 $a,b > 0$ 使得 $a\|x\|_1 \leqslant \|x\|_2 \leqslant b\|x\|_1$，$\forall x \in X$。

事实上，在 l^p 空间上的 p 范数 l^p（$p=1,2,\cdots$）彼此等价。

定义 5.2.4　（积空间）若 $(X_n,\|\cdot\|_n)$ 为一列线性赋范空间，对于 $p=1,2,\cdots$，令 $X = \left\{x=(x_1,x_2,\cdots):x_n\in X_n,\sum\limits_{n=1}^{\infty}\|x_n\|_n^p < \infty\right\}$，$\|x\|_p = \left(\sum\limits_{n=1}^{\infty}\|x_n\|_n^p\right)^{1/p}$，$\forall x \in X$。称 $(X,\|\cdot\|_p)$ 为积空间，记为 $X = \prod\limits_{n=1}^{\infty}X_n$。

特别地，当 $n=2$ 时，$X = X_1 \times X_2$ 为笛卡儿积（Cartesian product）[2]。

船舶电力系统在不同状态下，脆弱性指标相对值向量是不同的。船舶电力系统节点度

数指标相对值向量 $\boldsymbol{b}_1$、节点介数指标相对值向量 $\boldsymbol{b}_2$、节点最大连通子图规模指标相对值向量 $\boldsymbol{b}_3$ 和节点可靠度指标相对值向量 $\boldsymbol{b}_4$ 可以分别表示为

$$\boldsymbol{b}_1 = \begin{pmatrix} b_{11} \\ b_{12} \\ \vdots \\ b_{1m} \end{pmatrix}, \quad \boldsymbol{b}_2 = \begin{pmatrix} b_{21} \\ b_{22} \\ \vdots \\ b_{2m} \end{pmatrix}, \quad \boldsymbol{b}_3 = \begin{pmatrix} b_{31} \\ b_{32} \\ \vdots \\ b_{3m} \end{pmatrix}, \quad \boldsymbol{b}_4 = \begin{pmatrix} b_{41} \\ b_{42} \\ \vdots \\ b_{4m} \end{pmatrix} \quad (5.2.1)$$

设 $\tilde{B}_1$ 为船舶电力系统度数指标的集合，$\tilde{B}_2$ 为船舶电力系统介数指标的集合，$\tilde{B}_3$ 为船舶电力系统最大连通子图规模指标的集合，$\tilde{B}_4$ 为船舶电力系统可靠度指标的集合。可以证明，$\tilde{B}_j$ $(j=1,2,3,4)$ 是 m 维欧式空间 $\mathbf{R}^m$ 的子集，且满足如下定理。

定理 5.2.1 $\tilde{B}_j \subset \mathbf{R}^m$ 是紧集。

证明 对于集合 $\tilde{B}_j$ 中的任一元素 $\boldsymbol{b}_j = \begin{pmatrix} b_{j1} \\ b_{j2} \\ \vdots \\ b_{jm} \end{pmatrix} \in \mathbf{R}^m$，因为 $b_{jk} \in [0,1]$ $(k=1,2,\cdots,m)$，所以存在 $M>0$，使得 $\|\boldsymbol{b}_j\| \leqslant M$。即 $\mathbf{R}^m$ 的子集 $\tilde{B}_j$ 是有界的。

又对于 $\tilde{B}_j$ 中任一序列 $\{\boldsymbol{b}_n\}$，当 $\boldsymbol{b}_n \to \boldsymbol{b}_0$ 时，存在 $\{\boldsymbol{b}_n\}$ 的子列 $\boldsymbol{b}_{n_k} \to \boldsymbol{b}_0 \in \tilde{B}_j$，则集合 $\tilde{B}_j$ 是闭集。

因为有限维线性赋范空间中任一有界闭子集是紧集，所以 $\tilde{B}_j \subset \mathbf{R}^m$ 是紧集。证毕。

紧集上的连续函数，即连续泛函，具有类似闭区间上连续函数的性质。

定理 5.2.2 设 X 是距离空间，A 是 X 中的紧集；$f: A \to \mathbf{R}$ 是连续函数，则 $f(x)$ 在 A 上达到上、下确界，即 $f(x)$ 在 A 上取到它的最大值和最小值[3]。

事实上，可以证明定义在紧集上的 p 范数为连续函数。

定理 5.2.3 紧集 $\tilde{B}_j \subset \mathbf{R}^m$ 上的 p 范数为连续函数。

证明 $f: \tilde{B}_j \to \mathbf{R}$，令 $f(x) = \|x\|_p$，$\forall x \in \tilde{B}_j$，因为 $\|x+y\| \leqslant \|x\| + \|y\|$，$\forall x,y \in \tilde{B}_j$，对于任意 $x_0 \in \tilde{B}_j$，有

$$0 \leqslant |f(x)-f(x_0)| = \left| \|x\|_p - \|x_0\|_p \right| \leqslant \|x-x_0\|_p$$

故当 $x \to x_0$ 时，$f(x) \to f(x_0)$。

即 $f(x)$ 在紧集 $\tilde{B}_j$ 上连续，紧集 $\tilde{B}_j \subset \mathbf{R}^m$ 上的 p 范数为连续函数。证毕。

由定理 5.2.2 和定理 5.2.3 知，$\tilde{B}_j \subset \mathbf{R}^m$ 上的 p 范数在 $\tilde{B}_j$ 上可以取到最大值和最小值。

5.2.2 船舶电力系统脆弱性输出方程评估

注意在式（5.2.1）中，各评估指标值 $b_{jk} \in [0,1]$ $(j=1,2,3,4;k=1,2,\cdots,m)$。$b_{jk}$ 值从 0 到 1 的变化，表征该节点脆弱性由低到高的变化趋势。即当 $b_{jk}=0$ 时，该节点脆弱性程度最低；当 $b_{jk}=1$ 时，该节点脆弱性程度最高。

对于某一包含 m 个节点的船舶电力系统而言，若其脆弱性指标向量 $\boldsymbol{b}_{\min} = \begin{pmatrix} 0 \\ 0 \\ \vdots \\ 0 \end{pmatrix}_{m \times 1}$，容

易证明其对应的 p 范数取得最小值，说明在该脆弱性指标下系统对应着良好的情况，脆弱

程度最低；若其脆弱性指标向量 $\boldsymbol{b}_{\max} = \begin{pmatrix} 1 \\ 1 \\ \vdots \\ 1 \end{pmatrix}_{m \times 1}$，其对应的 p 范数取得最大值，说明在该脆

弱性指标下系统对应不理想的情况，脆弱程度最高。

范数可以反映出线性空间中任意两个元素之间的差异。利用脆弱性指标向量 $\boldsymbol{b}_j$ 与 $\boldsymbol{b}_{\min}$ 的距离 $\rho(\boldsymbol{b}_j, \boldsymbol{b}_{\min}) = \| \boldsymbol{b}_j - \boldsymbol{b}_{\min} \|$ 来衡量当前系统与脆弱程度最低时系统的差异。差异越小，说明系统的脆弱程度越低；差异越大，说明系统的脆弱程度越高。注意到 $\boldsymbol{b}_{\min}$ 中各分量均为 0，此时 $\rho(\boldsymbol{b}_j, \boldsymbol{b}_{\min}) = \| \boldsymbol{b}_j \|$。即脆弱性指标向量 $\boldsymbol{b}_j$ 与 $\boldsymbol{b}_{\min}$ 的距离就是脆弱性指标向量 $\boldsymbol{b}_j$ 的范数。

用 p $(p = 1, 2, \cdots)$ 范数描述脆弱性指标向量 $\boldsymbol{b}_j \in \tilde{B}_j$ 的范数 $\| \boldsymbol{b}_j \|_p$，即

$$\| \boldsymbol{b}_j \|_p = \left(\sum_{k=1}^{m} | b_{jk} |^p \right)^{1/p} \tag{5.2.2}$$

脆弱性指标向量 $\boldsymbol{b}_j \in \tilde{B}_j$ 的范数 $\| \boldsymbol{b}_j \|_p$ 可以描述该指标下船舶电力系统脆弱性输出的情形，此时船舶电力系统脆弱性输出方程为

$$Y(j) = G\{\boldsymbol{b}_j, j\} = \| \boldsymbol{b}_j \|_p = \left(\sum_{k=1}^{m} | b_{jk} |^p \right)^{1/p} \tag{5.2.3}$$

注意到，当 $p = 1$ 时，输出方程为线性方程

$$Y(j) = \boldsymbol{C}(j)\boldsymbol{b}_j = (1, 1, \cdots, 1) \begin{pmatrix} b_{j1} \\ b_{j2} \\ \vdots \\ b_{jm} \end{pmatrix} = \sum_{k=1}^{m} | b_{jk} | = \| \boldsymbol{b}_j \|_1 \tag{5.2.4}$$

船舶电力系统脆弱性输出方程所计算出的输出向量是某一项脆弱性指标下脆弱性状态集合中的一个子集，反映船舶电力系统在该脆弱性指标评估下的脆弱程度，以脆弱性指标向量的 p 范数作为船舶电力系统脆弱性输出方程的一维输出向量。

5.2.3　基于积空间上范数的船舶电力系统脆弱程度评估

船舶电力系统脆弱性输出方程只能反映在某一项脆弱性指标评估下的脆弱程度，而船舶电力系统的脆弱程度是从度数、介数、最大连通子图规模和可靠度这 4 个尺度综合衡量的。将这 4 个尺度下的脆弱性评估指标结果相关联才能够形成船舶电力系统脆弱程度的综合评估结果。

$B = \tilde{B}_1 \times \tilde{B}_2 \times \tilde{B}_3 \times \tilde{B}_4$ 是由度数指标的集合 $\tilde{B}_1$、介数指标的集合 $\tilde{B}_2$、最大连通子图规模指标的集合 $\tilde{B}_3$ 和可靠度指标的集合 $\tilde{B}_4$ 所构成的积空间，即

$$B = \{ \boldsymbol{b} = (\boldsymbol{b}_1, \boldsymbol{b}_2, \boldsymbol{b}_3, \boldsymbol{b}_4) : \boldsymbol{b}_j \in \tilde{B}_j \} \tag{5.2.5}$$

遍历上述 4 个脆弱性指标，由式（5.2.3）可以得到每一个指标下船舶电力系统脆弱性输出方程的一维输出向量，即脆弱性指标向量的 p 范数，因此整个船舶电力系统脆弱值总相对值向量

$$\boldsymbol{r} = (\| \boldsymbol{b}_1 \|_p, \| \boldsymbol{b}_2 \|_p, \| \boldsymbol{b}_3 \|_p, \| \boldsymbol{b}_4 \|_p) \tag{5.2.6}$$

为了将脆弱性评估指标结果相关联形成船舶电力系统脆弱程度的综合评估结果，利用积空间上的范数，定义船舶电力系统多尺度综合脆弱度范数

$$P_s^p = \| \boldsymbol{r} \|_p = \left[\sum_{j=1}^{4} (\| \boldsymbol{b}_j \|_p)^p \right]^{1/p} = \left[\sum_{j=1}^{4} \left(\sum_{k=1}^{m} | b_{jk} |^p \right) \right]^{1/p} \tag{5.2.7}$$

船舶电力系统多尺度综合脆弱度范数 P_s^p 从度数、介数、最大连通子图规模和可靠度这 4 个尺度综合衡量了系统脆弱程度的变化趋势。P_s^p 值由小到大的变化反映了系统脆弱程度由低到高的变化趋势，可以作为衡量系统脆弱程度的综合评估指标。

在式（5.2.7）中，船舶电力系统多尺度综合脆弱度范数 P_s^p 只能比较同等规模下不同船舶电力系统脆弱程度的差异。当船舶电力系统规模不同，即船舶电力网络中所包含节点数目不等时，该指标具有一定局限性。为消除系统规模对评估指标的影响，提出改进的船舶电力系统多尺度综合脆弱度范数

$$\tilde{P}_s^p = \left[\sum_{j=1}^{4} \frac{1}{m} (\| \boldsymbol{b}_j \|_p)^p \right]^{1/p} = \left[\sum_{j=1}^{4} \frac{1}{m} \left(\sum_{k=1}^{m} | b_{jk} |^p \right) \right]^{1/p} \tag{5.2.8}$$

式中：m 为船舶电力系统等效拓扑模型所包含节点个数。

事实上，船舶电力系统多尺度综合脆弱度范数 P_s^p 是改进的船舶电力系统多尺度综合脆弱度范数 $\tilde{P}_s^p$ 的一种特殊情形，即 $m=1$ 时的结果。

5.3 船舶电力系统脆弱程度评估应用实例

5.3.1 环形船舶电力系统脆弱程度衡量

以复杂环形船舶电力系统为例进行算例验证。复杂环形船舶电力系统等效拓扑模型包含节点数目为 88，将 88 个节点的度数、介数、最大连通子图规模和可靠度指标进行归一化处理，结果见附录 B。

通过公式（5.2.3）计算节点度数、节点介数、最大连通子图规模和节点可靠度指标下船舶电力系统脆弱性输出向量，结果如表 5.1 和图 5.1 所示。

表 5.1 脆弱性指标的 p 范数

p	节点度数	节点介数	最大连通子图规模	节点可靠度
1	14.857 1	13.671 7	14.800 0	24.788 7
2	2.490 8	2.556 2	2.959 7	3.334 0
3	1.659 7	1.692 5	1.880 7	1.873 9
4	1.430 3	1.441 1	1.539 8	1.494 9

续表

p	节点度数	节点介数	最大连通子图规模	节点可靠度
5	1.324 0	1.327 4	1.381 7	1.345 3
6	1.261 4	1.262 4	1.293 2	1.268 9
7	1.219 5	1.219 8	1.237 7	1.222 4
8	1.189 4	1.189 5	1.200 0	1.190 6
9	1.166 6	1.166 6	1.173 0	1.167 1
10	1.148 7	1.148 7	1.152 6	1.148 9

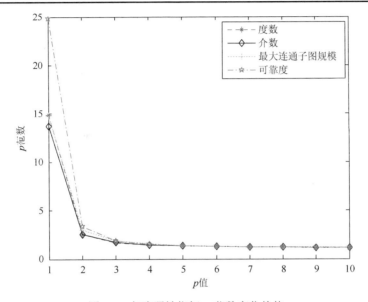

图 5.1 各脆弱性指标 p 范数变化趋势

通过式（5.2.8）计算改进的船舶电力系统多尺度综合脆弱度范数 $\tilde{P}_s^p$，结果如表 5.2 所示。

表 5.2 改进的多尺度综合脆弱度范数 $\tilde{P}_s^p$

p	1	2	3	4	5	6	7	8	9	10
$\tilde{P}_s^p$	0.753 0	0.063 1	0.031 2	0.023 1	0.019 6	0.017 7	0.016 5	0.015 7	0.015 1	0.014 6

表 5.2 列出了 p 从 1 到 10 变化时船舶电力系统多尺度综合脆弱度范数值。多尺度综合脆弱度范数从系统级层面定量衡量了船舶电力系统的脆弱程度。

5.3.2 改变拓扑连接关系后脆弱程度比较分析

为进一步验证船舶电力系统多尺度综合脆弱度范数的有效性，本小节改变网络拓扑连接关系，分析船舶电力系统在不同状态下脆弱程度的差异。图 5.2 为复杂环形船舶电力系统对应的网络拓扑模型。

将节点 J_1 从网络中移除，即连接 S_{11} 与 S_{41} 的跨接线被移除，称此时复杂环形船舶电力系统对应的拓扑状态为状态 1，对应拓扑模型如图 5.3 所示。

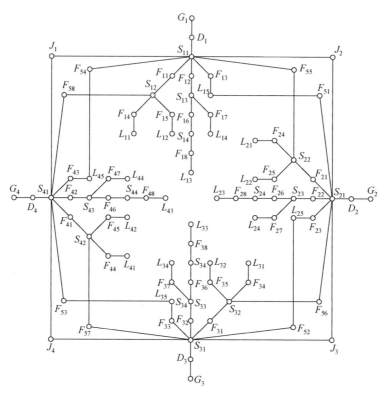

图 5.2　复杂环形船舶电力系统网络拓扑模型

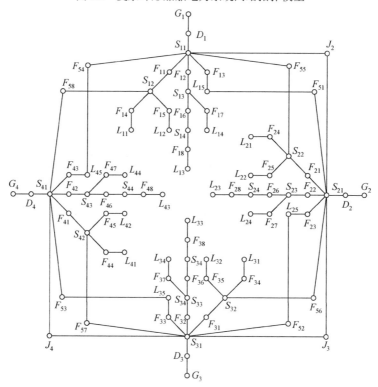

图 5.3　复杂环形船舶电力系统状态 1 网络拓扑模型

在状态 1 的基础上继续将节点 J_3 从网络中移除，即连接 S_{21} 与 S_{31} 的跨接线被移除，称此时复杂环形船舶电力系统对应的拓扑状态为状态 2，对应拓扑模型如图 5.4 所示。

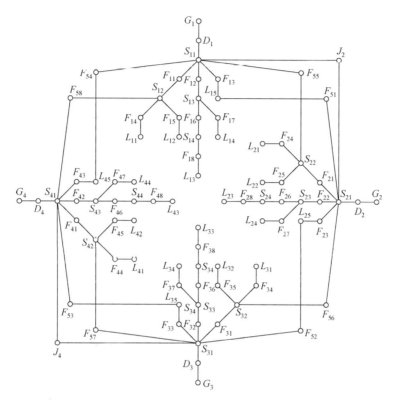

图 5.4　复杂环形船舶电力系统状态 2 网络拓扑模型

计算状态 1 和状态 2 下改进的船舶电力系统多尺度综合脆弱度范数 $\tilde{P}_s^p$，结果如表 5.3 所示。

表 5.3　状态 1 和状态 2 下改进的多尺度综合脆弱度范数 $\tilde{P}_s^p$

p	1	2	3	4	5	6	7	8	9	10
状态 1	0.756 9	0.063 3	0.031 3	0.023 1	0.019 7	0.017 8	0.016 6	0.015 8	0.015 2	0.014 8
状态 2	0.766 5	0.063 4	0.031 4	0.023 2	0.019 8	0.017 9	0.016 8	0.016 0	0.015 3	0.014 9

为了更直观地反映出复杂环形船舶电力系统随网络拓扑结构变化脆弱程度的改变，将复杂环形船舶电力系统对应的网络状态称为初始状态，与状态 1 和状态 2 下改进的船舶电力系统多尺度综合脆弱度范数 $\tilde{P}_s^p$ 值比较，如图 5.5 所示。

由图 5.5 可以看出：复杂环形船舶电力系统初始状态的 $\tilde{P}_s^p$ 值最小；状态 1 的 $\tilde{P}_s^p$ 值比初始状态的值稍大；状态 2 的 $\tilde{P}_s^p$ 值为三种状态中最大。当 $p=1$ 时，三种状态下 $\tilde{P}_s^p$ 值的差异比较明显；当 $p \geqslant 2$ 时，三种状态下 $\tilde{P}_s^p$ 值的差异较小。本小节将 $p=1$ 时所对应的船舶电力系统多尺度综合脆弱度范数 $\tilde{P}_s^p$ 进行比较。$\tilde{P}_s^p$ 值的大小反映了系统脆弱程度的高

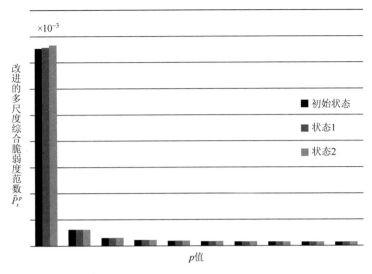

图 5.5　三种状态下复杂环形船舶电力系统 $\tilde{P}_s^p$ 值比较

低，值越小脆弱程度越低。因此，从改进的船舶电力系统多尺度综合脆弱度范数指标值来看：初始状态下的复杂环形船舶电力系统脆弱程度最低；状态 1 下的复杂环形船舶电力系统脆弱程度较初始状态稍高；状态 2 下的复杂环形船舶电力系统脆弱程度是三种状态中最高的。这一结论与实际相符：在状态 1 下，配电板节点 S_{11} 与 S_{41} 之间的跨接线失去连接，使得系统中的连接路径变少，系统脆弱程度自然会增高；在状态 2 下，配电板节点 S_{11} 与 S_{41} 之间的跨接线和配电板节点 S_{21} 与 S_{31} 之间的跨接线都失去连接，系统中的连接路径比状态 1 减少得更多，系统脆弱程度比状态 1 下的更高。由此可见，船舶电力系统多尺度综合脆弱度范数这一指标较好地衡量了船舶电力系统的脆弱程度。

本章参考文献

[1]　郭大钧. 非线性泛函分析[M]. 济南：山东科学技术出版社，2003.

[2]　郭大钧. 非线性分析中的半序方法[M]. 济南：山东科学技术出版社，2003.

[3]　王公宝，徐忠昌，何汉林. 应用泛函分析基础[M]. 北京：科学出版社，2016.

第 6 章

船舶电力系统结构性能优化策略

提高船舶电力系统结构性能，需要改善船舶电力系统的脆弱性。脆弱性的改善可以从两方面来进行：一是改善船舶电力网络的拓扑结构，二是提高节点对应设备的可靠性水平。

网络拓扑结构发生改变，网络中各节点的度数、介数和最大连通子图规模等指标值也会发生改变。因此，构造合适的节点连接方式可以降低系统的脆弱性，从而提升结构性能。提高节点对应设备的可靠度指标是降低系统脆弱性的另一种有效途径，它可以通过两种方式来实现：一是利用改进设备的生产工艺或提高原材料的质量水平等改善设备可靠性的方式来提高可靠度指标；二是将节点对应设备及其配置的备件视为冷储备系统，通过配置合理数量的备件以提高该设备的可靠度指标。

综上所述，优化网络连接拓扑结构、提高设备可靠性，以及增加合适数量的备件都是提高船舶电力系统结构性能的有效途径。本章将这三个方面作为船舶电力系统结构性能提升的优化变量，建立多目标多约束的船舶电力系统结构性能优化模型；提出一种改进的遗传算法，该算法基于系统变阶的思想，将双层迭代遗传算法与边际优化方法相结合，用于船舶电力系统结构性能优化模型求解。

6.1 船舶电力系统可靠性分析

系统可靠性是指系统在现有环境下和预定的时间内实现其功能的概率[1]。典型的系统结构包括串联系统、并联系统和储备系统等。船舶典型电力系统可以由上述结构的系统组合表示。系统的可靠性数学关系可以用二值逻辑函数来描述，称为系统的结构函数。

设系统 S 由 n 个单元组成，定义第 i 个单元的状态变量 x_i：$x_i = 1$，若第 i 个单元正常；$x_i = 0$，若第 i 个单元失效。

系统的状态可表示为 $\varphi(\boldsymbol{x}) = \varphi(x_1, x_2, \cdots, x_n)$，其中 $\boldsymbol{x}$ 是 n 维向量 $\boldsymbol{x} = (x_1, x_2, \cdots, x_n)$，$\varphi(\boldsymbol{x})$ 是 n 维向量 $\boldsymbol{x}$ 的二值函数：$\varphi(\boldsymbol{x}) = 1$，若系统正常；$\varphi(\boldsymbol{x}) = 0$，若系统失效。称 $\varphi(\boldsymbol{x})$ 为系统的结构函数。

研究不同构成结构下元件可靠性指标的计算[2]，可以为船舶电力系统结构性能优化模型提供理论依据。

6.1.1 不可修系统的可靠性

1. 串联系统

串联系统是指，若组成系统的单元中有一个单元发生失效，则系统就发生失效。设串联系统共有 n 个单元，其可靠性框图如图 6.1 所示。

图 6.1 串联系统可靠性框图

由图 6.1 可知，串联系统的结构函数为 $\varphi(\boldsymbol{X}) = \prod_{i=1}^{n} x_i$，其中 $\boldsymbol{X} = (x_1, x_2, \cdots, x_n)$，且 x_i 为第 i 个单元的状态变量。

设 n 个单元相互独立，第 i 个单元的可靠度函数为 $R_i(t)$，则串联系统的可靠度为

$$R(t) = P\{\varphi(\boldsymbol{X}) = 1\} = 1 \cdot P\{\varphi(\boldsymbol{X}) = 1\} + 0 \cdot P\{\varphi(\boldsymbol{X}) = 0\} = E[\varphi(X)] = E\left(\prod_{i=1}^{n} x_i\right) = \prod_{i=1}^{n} E x_i$$

$$= \prod_{i=1}^{n} (P\{x_i = 1\} \cdot 1 + P\{x_i = 0\} \cdot 0) = \prod_{i=1}^{n} P(x_i = 1) = \prod_{i=1}^{n} R_i(t) \tag{6.1.1}$$

当第 i 个单元的故障率为 $\lambda_i(t)$ 时，系统的可靠度为

$$R(t) = \prod_{i=1}^{n} \exp\left\{-\int_0^t \lambda_i(u) \mathrm{d}u\right\} = \exp\left\{-\int_0^t \sum_{i=1}^{n} \lambda_i(u) \mathrm{d}u\right\} \tag{6.1.2}$$

2. 并联系统

并联系统是指，系统中的 n 个组成单元只要有一个单元未发生失效，系统就能正常工作。并联系统是一种最简单的冗余系统，它的可靠性框图如图 6.2 所示。

由图 6.2 可知，并联系统的结构函数为 $\phi(\boldsymbol{X}) = \bigcup_{i=1}^{n} x_i =$

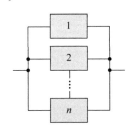

图 6.2 并联系统可靠性框图

$1 - \prod_{i=1}^{n}(1-x_i)$，其中 $\boldsymbol{X} = (x_1, x_2, \cdots, x_n)$，且 x_i 为第 i 个单元的状态变量。

设 n 个单元相互独立，第 i 个单元的可靠度函数为 $R_i(t)$，则并联系统的可靠度为

$$R(t) = E[\phi(X)] = 1 - \prod_{i=1}^{n}(1 - Ex_i) = 1 - \prod_{i=1}^{n}[1 - R_i(t)] \tag{6.1.3}$$

由于 $0 < R_i(t) \leqslant 1\ (i = 1, 2, \cdots, n)$，容易证明 $R(t) \geqslant R_i(t)$，表明并联系统可靠度高于任何单元的可靠度。

3．混联系统

由串联系统和并联系统混合而成的系统称为混联系统，其中最常见的是串并联系统和并串联系统。

1）串并联系统

串并联系统的可靠性框图如图 6.3 所示。

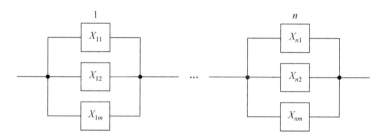

图 6.3　串并联系统可靠性框图

设单元 $X_{i1}, X_{i2}, \cdots, X_{im}$ 的可靠度均为 $R_i(t)$，则此系统的可靠度为

$$R_1(t) = \prod_{i=1}^{n}\{1 - [1 - R_i(t)]^m\} \tag{6.1.4}$$

2）并串联系统

并串联系统的可靠性框图如图 6.4 所示。

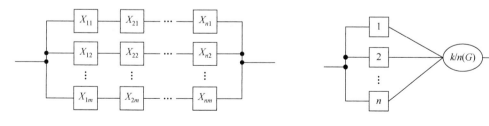

图 6.4　并串联系统可靠性框图　　　　图 6.5　表决系统可靠性框图

设单元 $X_{i1}, X_{i2}, \cdots, X_{im}$ 的可靠度均为 $R_i(t)$，则系统的可靠度为

$$R_2(t) = 1 - \left[1 - \prod_{i=1}^{n} R_i(t)\right]^m \tag{6.1.5}$$

对于上述两个系统，它们的功能是一样的，但是可靠度并不一样。可以证明：$R_1 \geqslant R_2$。

4. 表决系统

表决系统是指，系统由 n 个单元组成，若至少有 k $(1 \leqslant k \leqslant n)$ 个单元正常工作，系统才能正常工作，记为 $k/n(G)$。表决系统的可靠性框图如图 6.5 所示。显然，$n/n(G)$ 为串联系统，$1/n(G)$ 为并联系统。

表决系统的结构函数为 $\varphi(X) = I\left(\sum_{i=1}^{n} X_i \geqslant k\right)$。

设 n 个相同单元相互独立，其可靠度都为 $R(t)$，$k/n(G)$ 系统的可靠度为

$$R_S(t) = R^n(t) + nR^{n-1}(t)[1-R(t)] + \binom{n}{2}R^{n-2}(t)[1-R(t)]^2 + \cdots + \binom{n}{n-k}R^k(t)[1-R(t)]^{n-k}$$

$$= \sum_{i=0}^{n-k}\binom{n}{i}R^{n-i}(t)[1-R(t)]^i$$

$$\tag{6.1.6}$$

5. 储备系统

安装一个必备的工作单元时，可以储备一些单元，使得当工作单元失效时由储备单元顶替工作以提高系统的可靠性。储备系统分为冷储备系统和温储备系统。冷储备指储备单元在储备期间不会失效，即储备时间长短对使用寿命没有影响；温储备指储备单元在储备期间有失效的可能性。

这里主要考虑冷储备系统的情形。若系统由 n 个单元和一个完全可靠的转换开关构成，每个单元的寿命为 $T_1, T_2, \cdots, T_n$，且相互独立，则该冷储备系统的寿命 T 为

$$T = T_1 + T_2 + \cdots + T_n \tag{6.1.7}$$

因此，冷储备系统的寿命分布 $F(t)$ 为

$$F(t) = P\{T_1 + T_2 + \cdots + T_n \leqslant t\} = F_1(t) * F_2(t) * \cdots * F_n(t) \tag{6.1.8}$$

式中：$F_i(t)$ 为第 i 个单元的寿命分布；$*$ 表示卷积。于是系统的可靠度 $R(t)$ 为

$$R(t) = 1 - F_1(t) * F_2(t) * \cdots * F_n(t) \tag{6.1.9}$$

特别地，若单元寿命服从指数分布，分两种情形讨论。

（1）$F_i(t) = 1 - e^{-\lambda_i t}$ $(i=1,2,\cdots,n)$ $(\lambda_1 = \lambda_2 = \cdots = \lambda_n = \lambda)$。

每个单元寿命都服从参数为 λ 的指数分布，先考虑 $n=2$ 的情形，系统可靠度为

$$R(t) = P\{T_1 + T_2 > t\} = 1 - P\{T_1 + T_2 < t\} = 1 - \iint\limits_{t_1 + t_2 < t} \lambda^2 e^{-\lambda(t_1 + t_2)} dt_1 dt_2$$

$$= 1 - \int_0^t \lambda e^{-\lambda t_1} dt_1 \int_0^{t-t_1} \lambda e^{-\lambda t_2} dt_2 = (1 + \lambda t) e^{-\lambda t}$$

（6.1.10）

由数学归纳法可得，当系统有 n 个单元时，可靠度为

$$R(t) = e^{-\lambda t} \sum_{k=0}^{n-1} \frac{(\lambda t)^k}{k!}$$

（6.1.11）

（2）$F_i(t) = 1 - e^{-\lambda_i t}$ $(i = 1, 2, \cdots, n)$ $(\lambda_1, \lambda_2, \cdots, \lambda_n$ 两两不相等）。

每个单元寿命都服从参数为 λ_i 的指数分布，先考虑 $n = 2$ 的情形，系统可靠度为

$$R(t) = P\{T_1 + T_2 > t\} = 1 - P\{T_1 + T_2 < t\} = 1 - \iint\limits_{t_1 + t_2 < t} \lambda_1 \lambda_2 e^{-(\lambda_1 t_1 + \lambda_2 t_2)} dt_1 dt_2$$

$$= 1 - \int_0^t \lambda e^{-\lambda_1 t_1} dt_1 \int_0^{t-t_1} \lambda e^{-\lambda_2 t_2} dt_2 = \frac{\lambda_2}{\lambda_2 - \lambda_1} e^{-\lambda_1 t} + \frac{\lambda_1}{\lambda_1 - \lambda_2} e^{-\lambda_2 t}$$

（6.1.12）

由数学归纳法可得，当系统有 n 个单元时，可靠度为

$$R(t) = \sum_{i=1}^n \left(\prod_{\substack{k=1 \\ k \neq i}}^n \frac{\lambda_k}{\lambda_k - \lambda_i} \right) e^{-\lambda_i t}$$

（6.1.13）

6.1.2　可修系统的可靠性

1. 串联系统

1）可修串联系统更新模型

可修串联系统的可靠性模型的建立基于如下假设。

（1）可修串联系统由 n 个单元串联组成，系统配备一个维修工，若系统中任一单元发生故障，则系统发生故障。当系统发生故障时立即对故障单元进行维修，其他未发生故障的单元停止工作；维修结束后，产品立即投入运行。

（2）经维修后的故障单元的工作寿命分布与新单元一样。设 T_i 为单元 i 的工作寿命，T_i 服从指数分布，即 $F_i(t) = 1 - \exp\{-\lambda_i t\}$ $(t > 0; i = 1, 2, \cdots, n)$。

（3）当第 i 个单元发生故障后立即对其维修，第 i 个单元的故障持续时间 Y_i 服从分布函数 $G_i(t)$，其均值为 $\frac{1}{\mu_i} = \int_0^\infty t dG_i(t)$。

（4）故障维修时间 Y 与产品工作寿命 T 相互独立。

由于系统在 $t = 0$ 时刻处于工作状态，串联系统出现第一次故障的时间为 $\varsigma = \min T_i$ $(i = 1, 2, \cdots, n)$。显然，系统的工作寿命服从失效率为 $\lambda = \sum_{i=1}^n \lambda_i$ 的指数分布，即

$$F(t) = 1 - \exp\{-\lambda t\} \quad (t > 0) \tag{6.1.14}$$

当系统出现故障时，系统进入故障维修状态，系统的维修持续时间 χ 与发生故障的单元有关。当第 j 个单元出现故障，即 $\varsigma = T_j$ 时，系统的维修持续时间 $\chi = Y_j$。由于引起系统故障的随机性，可得系统出现故障后的维修持续时间 χ 的分布为

$$
\begin{aligned}
G(t) &= P\{\chi \leqslant t\} = \sum_{j=1}^{n} P\{\chi \leqslant t, \varsigma = \min T_i (i = 1, 2, \cdots, n) = T_j\} \\
&= \sum_{j=1}^{n} P\{Y_j \leqslant t, T_j \leqslant T_1, \cdots, T_{j-1}, T_{j+1}, \cdots, T_n\} = \sum_{j=1}^{n} P\{Y_j \leqslant t\} P\{T_j \leqslant T_1, \cdots, T_{j-1}, T_{j+1}, \cdots, T_n\} \\
&= \sum_{j=1}^{n} \frac{\lambda_j}{\lambda} G_j(t)
\end{aligned}
\tag{6.1.15}
$$

当故障单元修复后，系统重新转入工作状态。由于指数分布的无记忆性，此时系统恢复到 $t = 0$ 时刻的情形，即故障单元的修复时刻是系统的再生点。设 ς_i 和 χ_i 分别为系统第 i 个周期的工作寿命和故障持续时间，显然，$\varsigma_1, \varsigma_2, \cdots$ 是独立同分布的随机变量序列，同样，$\chi_1, \chi_2, \cdots$ 也是独立同分布的随机变量序列，且 ς_i 与 χ_i 相互独立。令 $Z_n = \varsigma_n + \chi_n$，则 Z_n 的分布函数为

$$
\begin{aligned}
Q(t) &= P\{Z_n \leqslant t\} = P\{\varsigma_n + \chi_n \leqslant t\} = \int_0^t G(t-u) \mathrm{d}F(u) \\
&= \sum_{j=1}^{n} \frac{\lambda_j}{\lambda} \int_0^t G_j(t-u) \mathrm{d}(1 - \mathrm{e}^{-\lambda u}) = \sum_{j=1}^{n} \lambda_j \int_0^t G_j(t-u) \mathrm{e}^{-\lambda u} \mathrm{d}u
\end{aligned}
\tag{6.1.16}
$$

Z_n 表示系统第 n 个周期的持续时间，且 $\{Z_n\}$ $(i = 1, 2, \cdots)$ 是独立同分布的随机序列。由此构造更新过程 $N(t) = \sup\{n, Z_1 + Z_2 + \cdots + Z_n \leqslant t\}$。

若系统的首次故障前的工作时间为 ς_1，则系统可靠度为

$$R(t) = P\{\min T_i \ (i = 1, 2, \cdots, n) > t\} = \prod_{i=1}^{n} P\{T_i > t\} = \exp\{-\lambda t\} \tag{6.1.17}$$

2）可修串联系统马尔可夫模型

假设系统由 n 个不相同单元和一个维修工组成，设第 i 个单元的寿命服从指数分布 $1 - \mathrm{e}^{-\lambda_i t}$ $(t \geqslant 0)$，故障后的修复时间服从指数分布 $1 - \mathrm{e}^{-\mu_i t}$ $(t \geqslant 0)$。假定所有随机变量是相互独立的。当 n 个单元均正常时，系统处于正常工作状态；当某个单元发生故障时，系统处于故障状态，维修工立即对故障单元进行修理，修复后的单元寿命与新单元一样。此时，串联系统共有 $n+1$ 个不同状态，令：$X(t) = 0$，若所有单元正常；$X(t) = i$，若第 i 个单元出现故障。

显然，随机过程 $X(t)$ 的状态空间为 $E = \{0, 1, 2, \cdots, n\}$，其中系统的工作状态为 $W = \{0\}$，故障状态为 $F = \{1, 2, \cdots, n\}$。

由于单元寿命和维修持续时间均服从指数分布，根据指数分布的无记忆性，若已知 $X(t) = j$ $(j = 0, 1, 2, \cdots, n)$，即系统在 t 时刻处于状态 j，则在 t 时刻之后系统发生故障的概

率规律完全由 t 时刻系统的状态所决定，而与 t 时刻之前系统的状态无关。因此，$\{X(t)\ (t>0)\}$ 为马尔可夫（Markov）过程。当 Δt 很小时，有

$$p_{00}(\Delta t) = P\{X(t+\Delta t)=0 \mid X(t)=0\} = P\{T>t+\Delta t \mid T>t\}$$

$$= \frac{P\{T>t+\Delta t\}}{P\{T>t\}} = \exp\{-\lambda \Delta t\} = 1-\lambda \Delta t + o(\Delta t) \tag{6.1.18}$$

$$p_{0i}(\Delta t) = P\{X(t+\Delta t)=i \mid X(t)=0\} = P\{T_i<t+\Delta t, T_j>t+\Delta t, j\neq i, i,j=1,2,\cdots,n \mid T>t\}$$

$$= \frac{P\{t<T_i<t+\Delta t, T_j>t+\Delta t, j\neq i, i,j=1,2,\cdots,n\}}{P\{T>t\}}$$

$$= \frac{\left(\prod_{j\neq i} P\{T_j>t+\Delta t\}\right) P\{t<T_i<t+\Delta t\}}{P\{T>t\}}$$

$$= 1-\exp\{-\lambda_i \Delta t\} = \lambda_i \Delta t + o(\Delta t) \quad (i=1,2,\cdots,n) \tag{6.1.19}$$

式中：$\lambda = \lambda_1 + \lambda_2 + \cdots + \lambda_n$。类似可得

$$P_{i0}(\Delta t) = \mu_i \Delta t + o(\Delta t) \quad (l=1,2,\cdots,n) \tag{6.1.20}$$

$$P_{ik}(\Delta t) = o(\Delta t) \quad (i,k\neq 0; i\neq k) \tag{6.1.21}$$

$$P_{ii}(\Delta t) = 1-\mu_i \Delta t + o(\Delta t) \quad (i=1,2,\cdots,n) \tag{6.1.22}$$

因此 $\{X(t)\ (t\geqslant 0)\}$ 为齐次马尔可夫过程。

为了计算系统可靠度，可以构造一个具有吸收态的马尔可夫过程 $\{Y(t)\ (t\geqslant 0)\}$，其状态空间为 $E=\{0,1\}$，"1"为吸收态，过程 $\{Y(t)\ (t\geqslant 0)\}$ 转移概率函数为

$$p_{00}(t) = 1-\lambda t + o(t) \tag{6.1.23}$$

$$p_{01}(t) = \lambda t + o(t) \tag{6.1.24}$$

$$p_{10}(t) = 0 \tag{6.1.25}$$

$$p_{11}(t) = 1 \tag{6.1.26}$$

令 $q_j(t) = P\{Y(t)=j\}\ (j=0,1)$，则 $q_0'(t) = -\lambda q_0(t)$，即 $q_0(t) = \mathrm{e}^{-\lambda t}$。由此可得系统的可靠度为 $R(t) = \mathrm{e}^{-\lambda t}$。

2. 并联系统

考虑由 n 个相同单元和一个维修工组成的系统，每个单元的寿命均服从相同的指数分布，故障后的每个单元修理时间服从指数分布，且所有随机变量相互独立。当系统中的一个单元发生故障时，维修工立即对该故障单元进行维修，其他单元仍正常工作；当维修工正在维修一个故障单元时，其他单元发生故障，后发生故障的单元等待维修；当正在维修的单元修复后，该单元立即进入工作状态，维修工立即去维修其他等待维修的故障单元。修复后的单元寿命与新单元一样。并联系统共有 $n+1$ 个不同状态，令 $X(t)=j$，若 t 时刻系统中有 $j\ (j=0,1,2,\cdots,n)$ 个故障单元。

显然，并联系统只有在 n 个单元同时发生故障时才出现故障，因此，状态 n 是系统的故障状态，其余都是系统的工作状态，即 $E=\{0,1,2,\cdots,n\}$，$W=\{0,1,2,\cdots,n-1\}$，$F=\{n\}$。

由于单元寿命和维修持续时间均服从指数分布，根据指数分布的无记忆性，若已知 $X(t)=j$ $(j=0,1,2,\cdots,n)$，t 时刻之后系统发生故障的概率规律完全由 t 时刻系统的状态所决定，而与 t 时刻之前系统的状态无关，即 $\{X(t)\ (t>0)\}$ 为马尔可夫过程，有

$$
\begin{aligned}
p_{01}(t) &= P\{X(u+t)=1\,|\,X(u)=0\} \\
&= \sum_{i=1}^{n} P\{T_i<t+u, T_j>t+u \ (j\neq i; j=1,2,\cdots,n)\,|\,T_1>u, T_2>u,\cdots,T_n>u\} \\
&= \frac{nP\{u<T_1<t+u, T_j>t+u \ (j=2,3,\cdots,n)\}}{P\{T_1>u, T_2>u,\cdots,T_n>u\}} \\
&= \frac{nP\{u<T_1<t+u\}P\{T_2>t+u\}\cdots P\{T_n>t+u\}}{P\{T_1>u\}P\{T_2>u\}\cdots P\{T_n>u\}} \\
&= \frac{n(\mathrm{e}^{-\lambda u}-\mathrm{e}^{-\lambda(t+u)})}{\mathrm{e}^{-\lambda u}} \\
&= n\lambda t+o(t)
\end{aligned}
\tag{6.1.27}
$$

类似可以证明

$$
p_{j,j+1}(t)=(n-j)\lambda t+o(t) \quad (j=1,2,\cdots,n-1) \tag{6.1.28}
$$

$$
p_{j,j-1}(t)=\mu t+o(t) \quad (j=1,2,\cdots,n) \tag{6.1.29}
$$

$$
p_{jk}(t)=o(t) \quad (|\,j-k\,|\geqslant 2; k,j=1,2,\cdots,n) \tag{6.1.30}
$$

从而得到

$$
p_{jj}(t)=1-\sum_{j\neq k,k\in E}P_{jk}(t)=1-p_{j,j+1}(t)-p_{j,j-1}(t)=1-[(n-j)\lambda+\mu]t+o(t) \tag{6.1.31}
$$

因此转移矩阵为

$$
\boldsymbol{A}=\begin{pmatrix}
-n\lambda & n\lambda & & & & \\
\mu & -(n-1)\lambda-\mu & (n-1)\lambda & & & \\
& \mu & & \ddots & & \ddots \\
& & & \ddots & -\lambda-\mu & \lambda \\
& & & & \mu & -\mu
\end{pmatrix}
\tag{6.1.32}
$$

令 $p_i(t)=P\{X(t)=i\}$ $(i\in E)$，$P(t)=(p_0(t),p_1(t),\cdots,p_n(t))$，则有微分方程组

$$
\begin{cases}
\boldsymbol{P}'(t)=\boldsymbol{P}(t)\boldsymbol{A} \\
\boldsymbol{P}(0)=(p_0(0),p_1(0),\cdots,p_n(0))
\end{cases}
\tag{6.1.33}
$$

在模型（6.1.33）的基础上，可以列出系统可靠度函数所满足的微分方程组

$$
\boldsymbol{Q}_W'(t)=\boldsymbol{Q}_W(t)\boldsymbol{B} \tag{6.1.34}
$$

式中：$\boldsymbol{Q}_W(t)=(q_0(t),q_1(t),\cdots,q_{n-1}(t))$，$\boldsymbol{B}=\begin{pmatrix}
-n\lambda & n\lambda & & & \\
\mu & -(n-1)\lambda-\mu & (n-1)\lambda & & \\
& \mu & & \ddots & \ddots \\
& & \ddots & -2\lambda-\mu & 2\lambda \\
& & & \mu & -\lambda-\mu
\end{pmatrix}$。

但是求解这个微分方程组是十分困难的，在此仅研究 $n=2$ 时系统的可靠度。假设 0 时刻并联系统中的两个单元均正常，求系统可靠度需解微分方程组

$$\begin{cases} q_0'(t) = -2\lambda q_0(t) + \mu q_1(t) \\ q_1'(t) = 2\lambda q_0(t) - (\lambda + \mu)q_1(t) \end{cases} \tag{6.1.35}$$

其中初始条件为 $\boldsymbol{Q}_W(0) = (1,0)$。 $q_0(t), q_1(t)$ 的拉普拉斯（Laplace）变换为

$$\begin{cases} q_0^*(s) = \dfrac{s + \lambda + \mu}{s^2 + (3\lambda + \mu)s + 2\lambda^2} \\ q_1^*(s) = \dfrac{2\lambda}{s^2 + (3\lambda + \mu)s + 2\lambda^2} \end{cases} \tag{6.1.36}$$

利用拉普拉斯变换的性质，可得系统可靠度的拉普拉斯变换为

$$R^*(s) = q_0^*(s) + q_1^*(s) = \frac{s_1^* + 3\lambda + \mu}{s_1^* - s_2^*}\frac{1}{s - s_1^*} + \frac{s_2^* + 3\lambda + \mu}{s_2^* - s_1^*}\frac{1}{s - s_2^*} \tag{6.1.37}$$

式中：$s_1^*, s_2^* = \dfrac{1}{2}\left[-(3\lambda + \mu) \pm \sqrt{\lambda^2 + 6\lambda\mu + \mu^2}\right]$。通过拉普拉斯逆变换可以得到系统可靠度。

6.2　船舶电力系统结构性能多目标多约束优化模型

船舶电力系统结构性能优化问题可以抽象为一个多目标多约束的非线性最优化问题。其数学模型可以描述为

$$\begin{aligned} &\min f_i(T, R) \\ &\text{s.t.} \begin{cases} g(T, R) = 0 \\ h(T, R) \leqslant 0 \end{cases} \end{aligned} \tag{6.2.1}$$

式中：$f_i(\cdot)$ 为船舶电力系统结构性能优化模型中目标函数的一个子目标；T 为船舶电力网络拓扑结构优化变量；R 为船舶电力系统中节点对应设备可靠度变量，包括节点对应设备的可靠性指标和备件配置数量；$g(\cdot)$ 为等式约束；$h(\cdot)$ 为不等式约束。

6.2.1　船舶电力系统结构性能优化目标

1. 船舶电力系统综合脆弱程度

船舶电力系统结构性能优化的首要目的是保证船舶电力系统的供电连续性，使船舶在遭受攻击后仍能最大限度地保证对重要负载的供电。而船舶电力系统的供电连续性可以通过船舶电力系统脆弱程度来衡量。本书在第 5 章对船舶电力系统整体脆弱程度的评估中提出了船舶电力系统多尺度综合脆弱度范数这一指标，实现了对船舶电力系统脆弱程度的衡量。

船舶电力系统多尺度综合脆弱度范数 P_s^p 定义为

$$P_s^p = \| b \|_p = \left(\sum_{j=1}^{4} \| b_j \|_p^p \right)^{1/p} \tag{6.2.2}$$

在上述表达式中，船舶电力系统多尺度综合脆弱度范数实际上是关于 b_1, b_2, b_3, b_4 的函数。因此，式（6.2.2）可以写为

$$P_s^p = F(b_1, b_2, b_3, b_4) \tag{6.2.3}$$

在式（6.2.3）中，b_1, b_2, b_3 代表船舶电力系统中节点的度数、介数和最大连通子图规模指标，这些指标与船舶电力网络的拓扑结构有关，而船舶电力网络的拓扑结构可以通过邻接矩阵表示。

邻接矩阵 A 中元素 a_{ij} 为：当节点 i, j 不相连时，$a_{ij} = 0$；当节点 i, j 相连时，$a_{ij} = 1$。因此 b_1, b_2, b_3 可以分别表示为

$$b_1 = b_1(A) \tag{6.2.4}$$

$$b_2 = b_2(A) \tag{6.2.5}$$

$$b_3 = b_3(A) \tag{6.2.6}$$

在式（6.2.3）中，b_4 代表船舶电力系统中节点的可靠度指标。可靠度指标与节点对应设备的可靠性和备件配置数量有关。

若船舶电力系统中每个节点对应设备可更换元件的种类只有一种，则 b_4 可以表示为

$$b_4 = b_4(r_1, r_2, \cdots, r_m, n_1, n_2, \cdots, n_m) \tag{6.2.7}$$

式中：r_i $(1 \leqslant i \leqslant m)$ 为船舶电力系统中第 i 个节点对应设备的可靠性；n_i $(1 \leqslant i \leqslant m)$ 为船舶电力系统中第 i 个节点元件的备件数量。

若船舶电力系统中每个节点对应设备可更换元件的种类不止一种，假设第 i 个节点可更换元件的种类为 k_i，则 b_4 可以进一步表示为

$$b_4 = b_4 \{ r_1, r_2, \cdots, r_m, R_1(n_{11}, n_{12}, \cdots, n_{1k_1}), R_2(n_{21}, n_{22}, \cdots, n_{2k_2}), \cdots, R_m(n_{m1}, n_{m2}, \cdots, n_{mk_m}) \} \tag{6.2.8}$$

式中：n_{ik_i} $(1 \leqslant i \leqslant m)$ 为船舶电力系统中第 i 个节点第 k_i 种元件的备件数量。

由式（6.2.4）～（6.2.6）和式（6.2.8）知，船舶电力系统多尺度综合脆弱度范数 P_s^p 的表达式（6.2.3）可以写为

$$P_s^p = F\{ b_1(A), b_2(A), b_3(A), b_4(r_1, r_2, \cdots, r_m, R_1(n_{11}, n_{12}, \cdots, n_{1k_1}), R_2(n_{21}, n_{22}, \cdots, n_{2k_2}), \cdots, R_m(n_{m1}, n_{m2}, \cdots, n_{mk_m})) \}$$
$$= \tilde{F}(A, r_1, r_2, \cdots, r_m, n_{11}, n_{12}, \cdots, n_{1k_1}, n_{21}, n_{22}, \cdots, n_{2k_2}, n_{m1}, n_{m2}, \cdots, n_{mk_m}) \tag{6.2.9}$$

由式（6.2.9）可以看到，船舶电力系统结构性能优化的目标函数之一为船舶电力系统多尺度综合脆弱度范数 P_s^p，该值越小，系统的脆弱程度越低。其优化变量包括代表网络拓扑结构的邻接矩阵 A、船舶电力系统中各节点对应设备的可靠性 r_i $(1 \leqslant i \leqslant m)$，以及船舶电力系统中各节点对应设备第 k_i 种元件的备件数量 n_{ik_i} $(1 \leqslant i \leqslant m)$。

2. 资源消耗规模

船舶出行时，受总体资源的影响，备件携行能力有限，同时费用预算也有一定限度，

需要考虑尽量降低体积、质量和费用等资源消耗规模。因此，在船舶电力系统结构性能优化中，需要将资源消耗规模最小化作为目标之一。

资源消耗规模 Y 的表达式为

$$Y = \sum_{i=1}^{m} \left(\frac{V_{ik_0}}{V_0} + \frac{M_{ik_0}}{M_0} + \frac{C_{ik_0}}{C_0} \right) \tag{6.2.10}$$

式中：V_{ik_0} 为第 i 个节点元件的备件总体积，$V_{iK_0} = \sum_{k=1}^{n_i} V_{ik}$；$M_{ik_0}$ 为第 i 个节点元件的备件总质量，$M_{iK_0} = \sum_{k=1}^{n_i} M_{ik}$；$C_{ik_0}$ 为第 i 个节点元件的备件总费用，$C_{iK_0} = \sum_{k=1}^{n_i} C_{ik}$；$V_0$ 为单个各类备件的体积总和；M_0 为单个各类备件的质量总和；C_0 为各类备件的单价总和。

3. 综合目标

船舶电力系统结构性能优化的两个目标——船舶电力系统多尺度综合脆弱度范数 P_s^p 和资源消耗规模 Y，都属于成本型指标。通过归一化处理，将双目标转化为单目标优化模型，综合目标函数 Q 为

$$Q = \lambda_1 \cdot P_s^p + \lambda_2 \cdot Y \tag{6.2.11}$$

式中：λ_1 和 λ_2 分别为 P_s^p 和 Y 的权值，且 $\lambda_1 + \lambda_2 = 1$。

由上述分析知，在船舶电力系统结构性能优化模型中，需要将综合目标函数 Q 最小化作为优化目标。

6.2.2　船舶电力系统结构性能优化约束

1. 电力网络结构性约束

在船舶电力系统中，各电站下的主配电板通过跨接电缆相互连通。根据船舶电力网络拓扑结构的优化变量邻接矩阵 A，可以生成表征各主配电板间连接关系的矩阵 $M(A)$。船舶电力系统中包含 N_M 个主配电板和 N_J 条跨接电缆，矩阵 $M(A)$ 进行 $N_J - 1$ 次逻辑自乘后得到的矩阵记为 $M^{(N_J-1)}(A)$。由网络连通性的约束，矩阵 $M^{(N_J-1)}(A)$ 中的元素应满足

$$\prod_{i,j} \left[m_{i,j}^{(N_J-1)}(A) \right] = 1 \tag{6.2.12}$$

式中：$m_{i,j}^{(N_J-1)}(A)$ 为矩阵 $M^{(N_J-1)}(A)$ 中第 i 行第 j 列的元素。若主配电板 M_i 与主配电板 M_j 相互连通，则 $m_{i,j}^{(N_J-1)}(A)$ 的值为 1；反之值为 0。

2. 设备可靠性指标约束

对设备可靠性的描述是通过可靠度 $R(t_0)$ 实现的，因此，船舶电力系统中各节点对应设备的可靠度指标 r_i $(1 \leq i \leq m)$ 应满足

$$0 \leq r_i \leq 1 \quad (1 \leq i \leq m) \tag{6.2.13}$$

3. 备件资源约束

备件总体积、总质量不超过船舶提供给备件的承载能力范围[3, 4]，总费用不超过既定的费用预算，即

$$
\begin{cases}
\displaystyle\sum_{i=1}^{m} V_{ik_0} \leqslant V_{\max} \\[2mm]
\displaystyle\sum_{i=1}^{m} M_{ik_0} \leqslant M_{\max} \\[2mm]
\displaystyle\sum_{i=1}^{m} C_{ik_0} \leqslant C_{\max}
\end{cases}
\tag{6.2.14}
$$

式中：V_{ik_0} 为第 i 个节点元件的备件总体积，$V_{iK_0} = \sum_{k=1}^{n_i} V_{ik}$；$M_{ik_0}$ 为第 i 个节点元件的备件总质量，$M_{iK_0} = \sum_{k=1}^{n_i} M_{ik}$；$C_{ik_0}$ 为第 i 个节点元件的备件总费用，$C_{iK_0} = \sum_{k=1}^{n_i} C_{ik}$；$V_{\max}$ 为所携带的备件体积上限；$M_{\max}$ 为所携带的备件质量上限；$C_{\max}$ 为备件费用上限。

6.2.3   船舶电力系统结构性能优化模型

船舶电力系统结构性能优化模型中的优化变量包括三类：①网络连接拓扑结构；②节点对应设备可靠性；③各节点设备对应的备件数量。但是，作为优化变量的节点对应设备可靠性，由于设备可靠性在出厂时就已确定了，要提高设备自身的可靠性水平常常需要改善生产工艺或提高原材料的质量水平等，而已有产品是现有生产水平的体现，难以大幅度提升，优化作用不明显。因此，本小节中船舶电力系统结构性能优化变量主要为网络拓扑结构和节点对应设备的备件数量这两类。

从网络拓扑结构和节点对应设备的备件数量这两类优化变量的关系来看，船舶电力系统结构性能优化问题属于分散决策问题。美国数学家坎德勒（Candler）和诺顿（Norton）于 1977 年提出了多级规划的概念用于解决分散决策问题。在实际中，以二级规划（bi-level programming）最为常见[5-9]。

基于此，建立船舶电力系统结构性能优化双层模型：

$$
\min \ Q = \lambda_1 \cdot P_s^p + \lambda_2 \cdot Y
$$

$$
\text{s.t.} \begin{cases}
\displaystyle\prod_{i,j} [m_{i,j}^{(N_j-1)}(\boldsymbol{A})] = 1 \\[3mm]
0 \leqslant r_i \leqslant 1 \ (1 \leqslant i \leqslant m) \\[3mm]
\displaystyle\sum_{i=1}^{m} V_{ik_0} \leqslant V_{\max} \\[3mm]
\displaystyle\sum_{i=1}^{m} M_{ik_0} \leqslant M_{\max} \\[3mm]
\displaystyle\sum_{i=1}^{m} C_{ik_0} \leqslant C_{\max}
\end{cases}
\tag{6.2.15}
$$

式中：上层优化模型中的优化变量为船舶电力网络的拓扑结构；下层优化模型中的优化变量为节点设备对应备件数量。

船舶电力系统结构性能优化双层模型求解的基本步骤如下。

（1）生成船舶电力网络拓扑结构及节点设备对应备件数量的初始方案。

（2）对当前的船舶电力网络拓扑结构方案，计算对应的船舶电力系统多尺度综合脆弱度范数 P_s^p 和资源消耗规模 Y 值。将该方案作为已知条件，在下层优化中对节点设备对应备件数量进行求解。

（3）根据当前的节点设备对应备件数量方案及已知的船舶电力网络拓扑结构方案，计算船舶电力系统多尺度综合脆弱度范数 P_s^p 和资源消耗规模 Y 值，综合判断当前节点设备对应备件数量方案是否为已知船舶电力网络拓扑结构方案下的最优方案。若是最优方案，则进入步骤（4）；若不是最优方案，则按照既定规则对备件数量方案进行调整，并重新执行本步骤。

（4）对于当前船舶电力网络拓扑结构方案和基于该方案得到的最优节点设备对应备件数量方案，根据船舶电力系统多尺度综合脆弱度范数 P_s^p 和资源消耗规模 Y 值综合判断该方案是否为船舶电力系统结构性能优化问题的最优方案。若是则停止寻优迭代过程，并输出当前结果；若个是则按照既定规则对船舶电力网络拓扑结构方案进行调整，并返回步骤（2）。

船舶电力系统结构性能优化双层模型求解流程如图 6.6 所示。

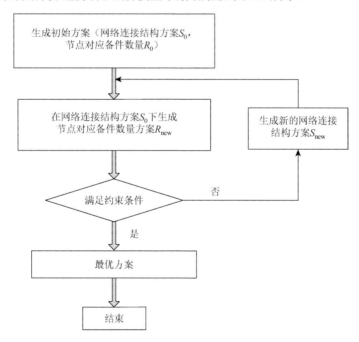

图 6.6　船舶电力系统结构性能优化双层模型求解流程图

6.3　船舶电力系统结构性能优化的改进遗传算法

舰船电力系统结构性能优化模型是一类非线性、多目标、多约束的规划问题，常常带有很多局部极值点，精确求解全局最优解通常比较困难。遗传算法作为一种全局优化的自适应概率搜索算法已成为重要的优化智能算法之一。本节将对遗传算法进行改进，基于系统变阶的思想，将双层迭代遗传算法与边际优化方法相结合用于船舶电力系统结构性能优化模型的求解。

6.3.1　遗传算法的基本原理

遗传算法起源于对生物系统进行的计算机模拟研究。20 世纪 50 年代中期仿生学创立，许多科学家从生物中寻求新的用于人造系统的灵感。科学家们分别从生物进化的机理中，发展出适合于现实世界复杂问题优化的模拟进化算法，主要包括 Holland[10, 11]、Bremermann[12]等创立的遗传算法。

遗传算法是一种基于自然选择和遗传变异等生物机制的全局性概率搜索算法。生物的进化过程主要通过染色体之间的交叉和染色体变异来完成，遗传算法模仿生物的这一进化过程，是一种迭代方法。它使用遗传算子作用于群体，在继承原有优良基因的基础上，生成具有更好性能指标的下一代解的群体；通过对染色体的评价和染色体基因的作用，利用已有信息指导搜索，逐步使种群进化到最优解的状态。遗传算法的本质特征在于群体搜索策略及简单的进化算子，其主要特点表现在以下 5 个方面[13]。

（1）遗传算法的搜索过程从一群初始点开始，而不是从单一的初始点开始，这种机制意味着搜索过程可以有效地跳出局部极值点。

（2）遗传算法使用对象函数值（即适应值）进行搜索。传统搜索算法不仅需要目标函数值，往往还需要目标函数的倒数等其他辅助信息才能确定搜索方向；而遗传算法仅使用由目标函数变换得到的适应度函数即可确定搜索方向和范围。

（3）遗传算法具有显著的隐并行性。遗传算法在搜索空间里使用相对少的串，就可以检验表示数量极大的区域，这是它优于其他求解过程的关键所在。虽然每一代只对有限个个体进行操作，但处理的信息量为群体规模的高次方。

（4）遗传算法具有较强的鲁棒性。由于其特有的技术和方法，遗传算法具有较好的全局搜索性能；复制、交叉和变异算子采用自适应概率搜索技术，增加了搜索过程的灵活性。这些也是遗传算法鲁棒性强的原因。

（5）遗传算法具有良好的通用性。遗传算法与其他方法相结合十分方便，非常适合于大规模并行计算，可以有效解决较为复杂的优化问题。

遗传算法是模拟自然界生物进化的一种随机、并行、自适应的搜索算法。它将优化参数表示成编码串群体，根据适应度函数进行选择、交叉和变异遗传操作，已经广泛应用于各领域。

表 6.1 列出了生物遗传基本概念在遗传算法中的对应关系。

表 6.1　生物遗传概念在遗传算法中的对应关系

生物遗传概念	遗传算法中对应的概念
个体	解
染色体	解的编码（字符串和向量等）

续表

生物遗传概念	遗传算法中对应的概念
基因	解中每个分量的特征（如各分量的值）
群体	选定的一组解
适应性	适应度函数的值
交叉	通过交叉原则产生一组新解的过程
变异	编码的某一分量发生变化的过程

1. 遗传算法的基本步骤

遗传算法的主要步骤简化地描述如下。

（1）生成一个具有 N 个个体的初始群体 $\text{POP}(t)$。

（2）计算群体 $\text{POP}(t)$ 中每一个个体 $\text{pop}_i(t)$ 的适应函数 $f_i = \text{fitness}(\text{pop}_i(t))$。

（3）对群体 $\text{POP}(t)$ 进行遗传操作。首先对群体进行选择操作，然后对经选择操作后的群体进行交叉操作，最后对经交叉操作后的群体进行变异操作，并产生新一代的群体 $\text{POP}(t+1)$。

（4）若满足停止规则，则迭代停止；否则返回步骤（2）。

遗传算法的具体流程如图 6.7 所示。

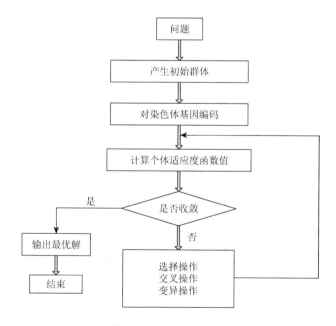

图 6.7　遗传算法流程图

在遗传算法的实现过程中，有几个关键问题是需要注意的。

1）编码方法

利用遗传算法对优化问题进行求解的过程中，并不是直接对决策变量进行操作，而是需要对表征决策变量的个体编码实行遗传操作来达到优化的目的。因此，编码是应用遗传算法的基础工作之一。常用的编码方法包括二进制编码方法、浮点数编码方法和符号编码方法。不同的编码方法适用于不同类型的决策变量。因此，在利用遗传算法求解优化问题时，需要统筹考虑编码方法、遗传操作方法和解码方法等，从而确定对优化问题描述简便、运行效率高的编码方案。

2）适应度函数

为体现个体的适应能力而引入的对个体进行度量的函数称为适应度函数，通常根据优化问题中的目标函数经过一定的转换规则而得到。适应度函数的主要作用在于计算出群体中每个个体的存活率，从而确定该个体是否应该被遗传到下一代。简单的适应度函数，对寻找最大值的优化问题可以直接选用目标函数；对寻找最小值的优化问题可以是一个大的正数减去目标函数。简单的适应度函数可能会使算法在迭代过程中出现收敛到某些目标值近似的个体，从而难以区分。因此，适应度函数的构造是遗传算法得以实现的关键。

3）遗传操作

遗传操作是模拟自然界生物进化过程中发生的繁殖、染色体之间的交叉和变异现象而生成新的、更优解的过程。遗传算法的操作通常包括选择、交叉和变异三种基本形式。

（1）选择是指按一定规则从原始群体中随机选取若干个体作为繁殖后代的群体。选择的根据是个体的适应度值，个体的适应度值越大，被选中的概率越高。选择操作可以采用偏置轮盘来完成，偏置轮盘中的区域大小与适应度值成比例。

（2）交叉是指利用来自不同染色体的基因通过交换和重组来产生新一代染色体，从而产生下一代新的个体。通过交叉操作，可以使遗传算法的搜索能力得以提高。交叉操作包括一点交叉、两点交叉、一致交叉和算术交叉等。

（3）变异是指按给定的概率改变某个体的某一基因值以生成新的个体。变异操作增加了遗传算法找到最优解的能力，并维持了群体的多样性。

通过选择、交叉与变异操作的结合，可以克服交叉算子无法在初始基因组合以外的空间进行搜索而进入终止过程，保证了遗传算法的有效性。

2. 遗传算法的运行参数

遗传算法中运行参数的选取会对运行性能产生较大影响。需要选择的运行参数包括群体规模、交叉概率、变异概率和终止代数等。

1）群体规模

群体规模 N 是指群体中所含个体的数量。当 N 取值较小时，可以提高遗传算法的运算速度，但同时也降低了群体的多样性，从而引起遗传算法出现早熟现象；而当 N 取值较大时，又会降低遗传算法的运行速度。群体规模的取值范围一般为 20～100。

2）交叉概率

交叉概率 P_c 控制交叉操作被使用的频度，是产生新个体的主要方法之一。交叉概率 P_c 应取较大值，但取值过大，会破坏群体中的优良模式，反而对进化运算产生不利影响；取值过小，产生新个体的速度又较慢，进而影响遗传算法的效率。交叉概率的取值范围一般为 0.4～0.99。

3）变异概率

变异操作增加了遗传算法找到最优解的能力，是遗传算法中辅助性的搜索操作。变异概率 P_m 取值较大有可能会破坏较好的模式；取值太小，产生新个体的能力和抑制早熟现象的能力就会较差。变异概率的取值范围一般为 0.000 1～0.1。

4）终止代数

遗传算法是反复迭代的随机搜索过程，因此需要给出停止条件使过程终止，并从最终稳定的群体中取最好的个体作为最优解。终止代数 T 表示遗传算法运行到指定的进化代数之后就停止运行，是遗传算法运行结束条件的一个参数。终止代数的取值范围一般为 100～500。

6.3.2　船舶电力系统结构性能上层优化的迭代遗传算法

1. 网络拓扑结构编码方法

图 6.8 所示为一环形结构的船舶电力网络。图中，四个发电机配电板通过电缆和断路器形成环状连接，每个负荷中心配电板通过断路器与发电机配电板连接，构成辐射状连接。

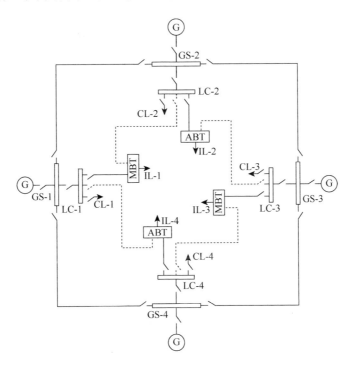

图 6.8　环形结构船舶电力网络示意图

图 6.9 给出了环形结构船舶配电力网络的拓扑模型。图中：b_1～b_4 为发电机节点；b_5～b_8 为发电机配电板；b_9～b_{12} 为负荷中心配电板。

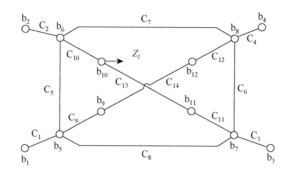

图 6.9　环形结构船舶电力网络拓扑图

该环形船舶电网的拓扑结构可用邻接矩阵 A 表示为

$$A=\begin{pmatrix}
1 & 0 & 0 & 0 & 1 & 0 & 0 & 0 & 0 & 0 & 0 & 0 \\
0 & 1 & 0 & 0 & 0 & 1 & 0 & 0 & 0 & 0 & 0 & 0 \\
0 & 0 & 1 & 0 & 0 & 0 & 1 & 0 & 0 & 0 & 0 & 0 \\
0 & 0 & 0 & 1 & 0 & 0 & 0 & 1 & 0 & 0 & 0 & 0 \\
1 & 0 & 0 & 0 & 1 & 1 & 1 & 0 & 1 & 0 & 0 & 0 \\
0 & 1 & 0 & 0 & 1 & 1 & 0 & 1 & 0 & 1 & 0 & 0 \\
0 & 0 & 1 & 0 & 1 & 0 & 1 & 1 & 0 & 0 & 1 & 0 \\
0 & 0 & 0 & 1 & 0 & 1 & 1 & 1 & 0 & 0 & 0 & 1 \\
0 & 0 & 0 & 0 & 1 & 0 & 0 & 0 & 1 & 0 & 0 & 1 \\
0 & 0 & 0 & 0 & 0 & 1 & 0 & 0 & 0 & 1 & 1 & 0 \\
0 & 0 & 0 & 0 & 0 & 1 & 0 & 0 & 1 & 1 & 0 \\
0 & 0 & 0 & 0 & 0 & 0 & 1 & 1 & 0 & 0 & 1
\end{pmatrix}\qquad(6.3.1)$$

邻接矩阵与网络拓扑结构之间是一一对应的，并且是对称矩阵。这意味着邻接矩阵中上三角位置的元素决定了网络拓扑结构的信息。因此，网络拓扑结构的编码可以由邻接矩阵 A 上三角位置中各行的元素依次组成。

对于图 6.9 中所示的环形船舶电力网络拓扑结构，其对应的编码如图 6.10 所示。

{1,0,0,0,1,0,0,0,0,0,0,0|, 1,0,0,0,1,0,0,0,0,0,0|, 1,0,0,0,1,0,0,0,0,0|,…,|1,0|,1}

图 6.10　环形船舶电力网络拓扑结构编码示意图

对于一个节点数为 m 的船舶电力网络，其拓扑结构编码长度为 $\dfrac{m(m+1)}{2}$。

2. 初始群体的生成

在运用遗传算法进行优化计算时，需要预先产生初始群体，即初始可行解的集合。根据前面制定的编码方案，网络拓扑结构对应的基因段中各代码取值为 0 或 1。因此，对于每一位代码，随机生成 0 或 1，并将其赋值给该位代码。

　　船舶电力系统结构性能优化存在结构性的约束，针对约束条件对不可行解进行修复，将其转化为可行解加入备选方案中。对于违背船舶电力系统结构性约束的不可行解有两种形式：一种是孤立节点，即未与任何主配电板节点或中间节点相连通的节点；另一种是孤立区域，即不包含主配电板的连通域，且该连通域中至少包含一个中间节点。

　　对上述两种不可行解进行修复的主要步骤如下。

　　（1）将搜索到的孤立节点与电力网络中任一中间节点相连，将其转化为孤立区域。重复操作，直至船舶电力网络中没有孤立节点存在，进入下一步。

　　（2）在搜索到的孤立区域中随机取一个中间节点，并将其随机与网络中主配电板所在的连通域中任一节点相连。重复操作，直至船舶电力网络中没有孤立区域存在。

　　通过对初始解进行上述修复操作，可以得到满足约束条件的初始可行解。

3. 适应度函数及选择运算

　　适应度函数是用于区分群体中个体好坏的标准，一般由目标函数加以变换得到。这里的目标是求函数的最小值，因此把函数值的倒数作为个体的适应度函数值。函数值越小的个体适应度值越大，个体越优。

　　选择操作是从旧群体中以一定概率选择优良的个体组成新的种群，以繁殖得到下一代个体。个体被选中的概率与适应度值有关，个体适应度值越高，被选中的概率越大。这里采用基于适应度比例的选择策略，个体 i 被选中的概率为

$$p_i = \frac{F_i}{\sum_{j=1}^{N} F_j} \tag{6.3.2}$$

式中：F_i 为个体 i 的适应度值；N 为群体规模。

4. 交叉运算和变异运算

　　交叉操作通过从种群中随机选择两个个体，将两个染色体交换组合，从而产生新的优秀个体。第 k 个染色体 a_k 和第 l 个染色体 a_l 在第 j 位的交叉操作方法为

$$a_{kj} = a_{ij}(1-b) + a_{lj}b \tag{6.3.3}$$

$$a_{li} = a_{li}(1-b) + a_{ki}b \tag{6.3.4}$$

式中：$b \in [0,1]$。

　　变异操作的主要目的是维持种群的多样性，通过从种群中随机选取一个个体，选择个体中的一点进行变异以产生更优秀的个体。第 i 个体的第 j 个基因 a_{ij} 进行变异的操作方法为

$$a_{ij} = \begin{cases} a_{ij} + (a_{ij} - a_{max})f(g), & r \geqslant 0.5 \\ a_{ij} + (a_{min} - a_{ij})f(g), & r < 0.5 \end{cases} \tag{6.3.5}$$

式中：a_{max} 和 a_{min} 分别为基因 a_{ij} 的上界和下界；$f(g) = r_2(1 - g/G_{max})^2$（$r_2$ 为随机数，g 为当前迭代次数，G_{max} 为最大进化次数）；$r \in [0,1]$。

6.3.3　船舶电力系统结构性能下层优化的迭代遗传算法

1. 备件数量编码方法

船舶电力系统结构性能下层优化模型中的优化变量是网络中节点对应设备的备件数量。对船舶电力网络中的节点设置流水号，假设节点数目为 m ，则节点的流水号为 $1,2,\cdots,m$ 。若船舶电力网络中每个节点对应设备可更换元件的种类不止一种，假设第 i 个节点可更换元件的种类为 k_i 种，则 n_{ik_i} （$1 \leqslant i \leqslant m$）表示船舶电力网络中第 i 个节点第 k_i 种元件的备件数量。

备件数量的编码可以按照节点流水号的顺序，将该节点对应的 k_i 种元件的备件数量依次排列组成，如图 6.11 所示。

$$\{n_{11}, n_{12}, \cdots, n_{1k_1} \mid, n_{21}, n_{22}, \cdots n_{2k_2} \mid, \cdots, \mid n_{m1}, n_{m2}, \cdots, n_{mk_m}\}$$

图 6.11　船舶电力网络备件数量编码示意图

2. 初始群体的选取

在选取初始群体时，本小节根据满足率的要求确定船舶电力网络各节点对应设备的初始备件方案。

假设电网节点元件随船配备 n 个相同的备件，若将装备上的元件本身也视为一个随船备件，则该元件随船携带的实际备件数量为 $n+1$ 个。若船舶在海上执行任务期间元件工作时间为 T ，在元件工作时间 T 内发生故障的次数 X 应服从泊松分布，即随机变量 X 的分布律为

$$P\{X=k\} = \frac{(\lambda T)^k}{k!} \mathrm{e}^{-\lambda T} \quad (k=0,1,2,\cdots) \tag{6.3.6}$$

随船元件的满足率[5, 6]是指在规定的时间内现有备件量能满足需求量的百分比，也称为备件保障概率。它也可以理解为在任务时间 T 内随船元件的满足次数与维修元件实际需要次数之比（记为 Y）。Y 是一个离散型随机变量，与随机变量 X 有如下关系。

（1）当 $0 \leqslant X \leqslant n$ ，即元件实际发生的故障次数小于随船备件个数时，随船元件的满足率 Y 为 1。

（2）当 $X > n$ ，即元件实际发生的故障次数大于随船备件个数时，随船元件的满足率 Y 为 $\frac{n+1}{X+1}$ 。

综上所述，随机变量 Y 与 X 的关系式为

$$Y = \begin{cases} 1, & 0 \leqslant X \leqslant n \\ \dfrac{n+1}{X+1}, & X > n \end{cases} \tag{6.3.7}$$

式（6.3.7）实际上是从统计角度给出了现有随船元件在一次任务时间内的满足率。

定义随船元件的满足率为随机变量 Y 的数学期望，通过计算其数学期望可以得到以下两个结论。

结论 6.3.1　若元件寿命服从故障率为 λ 的指数分布，则在给定任务时间 T 内，当配置随船备件数量为 n 时，随船元件满足率为

$$P_f(n,T) = EY = \frac{1}{T}\int_0^T P(n,t)\mathrm{d}t \qquad (6.3.8)$$

式中：$P(n,t)$ 为配置 n 个备件时所对应的保障概率，即

$$P(n,t) = \sum_{i=0}^n P\{X=i\} = \sum_{i=0}^m \frac{(\lambda t)^i}{i!}\mathrm{e}^{-\lambda t} \qquad (6.3.9)$$

由结论 6.3.1 可以看出，随船元件满足率与备件保障概率紧密相关，实际上是备件保障概率的平均值，它反映备件的随船配置数在给定任务时间内满足维修保障需求的程度。

结论 6.3.2　若元件寿命服从故障率为 λ 的指数分布，则在给定任务时间 T 内，当配置随船备件数量为 n 时，随船元件的平均工作时间为

$$ET' = \int_0^T R_s(t)\mathrm{d}t \qquad (6.3.10)$$

式中：T' 为元件和 n 个随船备件在任务期间能够正常工作的实际时间；$R_s(t)$ 为元件和 n 个随船备件组成的冷储备系统的可靠度，且 $R_s(t) = P(n,t)$。

由式（6.3.8）和式（6.3.10）可得

$$P_f(n,T) = \frac{ET'}{T} \qquad (6.3.11)$$

由式（6.3.11）可知，满足率实际上表示在给定任务时间内元件与随船备件组成的冷储备系统的平均工作时间与给定任务时间的比值，反映在给定任务时间内随船备件的保障能力的大小。比值越大，说明完成预定任务的能力越强；比值越小，说明完成预定任务的能力越弱。随船备件配置是指根据装备的满足率要求，按照备件配置时间内使用、更换与维修需要确定随船备件的品种和数量，根据满足率的要求确定电网各节点元件的初始备件配置方案。

不可修维修器材的工作时间为 T，当给定元件的保障满足率 P_0 时，元件配备的备件数从 0 开始逐次增加，当计算得到的满足率 $P_f(n,T)$ 首次达到给定满足率要求 P_0 时，得到元件配备的备件数 n_1 就是该元件达到满足率要求条件下的随船备件配置数

$$n_1 = \min\{n \mid P_f(n,T) \geqslant P_0\} \qquad (6.3.12)$$

6.3.4　基于变阶遗传算法的船舶电力系统结构性能边际优化

前面提出的双层遗传算法可以实现船舶电力系统结构性能优化模型的求解，但是该算法只能在船舶电力系统网络节点数目保持不变的前提下实现对系统结构性能的优化。而事实上，改变船舶电力系统网络节点数目，即在系统变阶的前提下也可能存在船舶电力系统结构性能优化的可行解。

图 6.12 所示为一简单的船舶电力网络拓扑结构，节点 1 表示发电机，节点 2 表示配电板，节点 3 表示负载。直观上来看，对于负载节点，如果增加一个配电板节点，如图 6.13 所示，节点 1 表示发电机，节点 2 和节点 3 表示配电板，节点 4 表示负载。对于负载 4 而言，由于增加了一条连通路径，此时的系统结构性能是优于图 6.12 中网络的。

图 6.12 船舶电力网络拓扑结构图   图 6.13 增加节点后船舶电力网络拓扑结构图

本小节将基于系统变阶的思想，由双层遗传算法得到的系统结构性能优化方案运用边际优化方法探求最优方案。其具体的优化流程如图 6.14 所示。

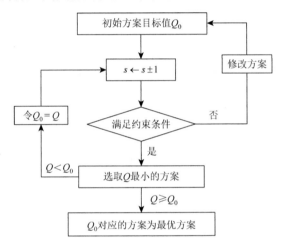

图 6.14 船舶电力系统结构性能边际优化流程图

求解步骤如下。

（1）由船舶电力系统结构性能优化双层遗传算法得到初始网络结构下的优化方案，在该方案下的目标值为 Q_0。

（2）按照初始网络结构下节点的流水编号，在初始网络结构中增加或减少一个节点，其余节点之间的连接关系不变（简记为 $s \leftarrow s \pm 1$），利用船舶电力系统结构性能优化双层遗传算法得到对应的优化方案。

（3）对所有方案进行检验，选取其中满足约束条件的方案进入步骤（4）。

（4）选取所得方案中 Q 最小的方案。若 $Q < Q_0$，则令 $Q_0 = Q$，进入步骤（2）；若 $Q \geq Q_0$，则 Q_0 对应的方案为最优方案。

6.4 船舶电力系统结构性能优化应用实例

以复杂环形船舶电力系统为例进行模型验证，根据本章提出的改进的遗传算法对该船舶电力系统结构性能优化策略进行求解。

6.4.1　改进的遗传算法参数的选取

对改进的遗传算法中的运行参数进行设置：上层规划的种群规模为 $N_1 = 25$，交叉概率为 0.80，变异概率为 0.02，迭代次数为 200；下层规划的种群规模为 $N_2 = 25$（由满足率要求确定的船舶电力网络各节点对应设备初始备件方案复制 25 份而产生），交叉概率为 0.85，变异概率为 0.01，迭代次数为 200。

6.4.2　改进的遗传算法结果分析

图 6.15 所示为复杂环形船舶电力系统对应的拓扑图。图中：G 为发电机节点；S 为配电板节点；L 为负载节点；D 为发电机电缆节点；J 为跨接电缆节点；F 为馈线电缆节点。

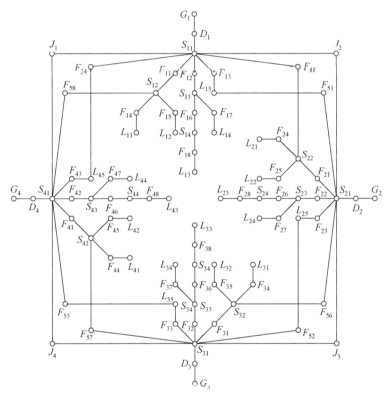

图 6.15　复杂环形船舶电力网络拓扑模型

由于船舶电力设备备件种类繁多，本小节内容为理论探索研究，将船舶电力系统中的备件简化，只考虑发电机节点和配电板节点的备件配置情形。表 6.2 和表 6.3 为发电机和配电板的备件参数。

表 6.2　发电机备件参数

设备	宽/mm	高/mm	深/mm	重量/kg	价格/万元	MTBF/h
励磁控制器（备件 1）	300	500	300	5	30	10 000
整流二极管（备件 2）	540	750	930	300	60	5 000

表 6.3　配电板备件参数

设备	宽/mm	高/mm	深/mm	重量/kg	价格/万元	MTBF/h
断路器（备件 1）	240	805	640	114	173	1 600 000
继电器（备件 2）	90	160	140	1	0.005	1 200 000

在船舶电力系统结构性能优化双目标模型中，主要考虑使整个系统多尺度综合脆弱度范数尽可能大，因此选取 $\lambda_1 = 0.8$，$\lambda_2 = 0.2$。由于 p 范数的等价性，不妨取 $p = 1$。设备件的质量约束指标 $M_{\max} = 1\,500$ kg，费用约束指标 $C_{\max} = 2\,000$ 万元，体积约束指标 $V_{\max} = 50$ m³。利用改进的遗传算法可得复杂环形船舶电力系统结构性能优化结果。

图 6.16 所示为上层优化模型中船舶电力网络拓扑连接方案；表 6.4 为下层优化模型中船舶电力系统中重要节点备件携行备件方案。

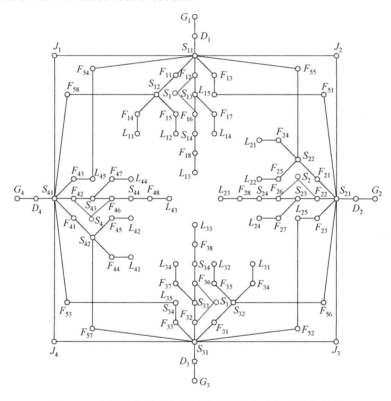

图 6.16　上层优化模型中船舶电力网络优化拓扑连接方案

表 6.4　备件携行方案

节点	备件 1/个	备件 2/个	节点	备件 1/个	备件 2/个
G_1	2	0	S_1	0	8
G_2	3	1	S_2	0	7
G_3	3	1	S_3	0	7
G_4	2	0	S_4	0	8

续表

节点	备件 1/个	备件 2/个	节点	备件 1/个	备件 2/个
S_{11}	1	5	S_{31}	1	5
S_{12}	0	3	S_{32}	0	4
S_{13}	0	4	S_{33}	0	4
S_{14}	0	3	S_{34}	0	3
S_{21}	1	6	S_{41}	1	6
S_{22}	0	3	S_{42}	0	3
S_{23}	0	3	S_{43}	0	3
S_{24}	0	4	S_{44}	0	2

图 6.16 所示的船舶电力网络优化拓扑连接方案中增加了 4 个配电板节点 S_1, S_2, S_3, S_4，通过与馈线电缆相连，增加了网络中的连通路径；表 6.4 给出了发电机节点和配电板节点的不同类型备件数量方案。通过给出的网络优化拓扑连接方案和备件数量方案，优化模型中目标函数 Q 值下降了 23.76%，这说明系统结构性能得到了优化。

算例结果表明，本章所提出的改进的遗传算法能够对船舶电力系统双层结构性能优化模型进行求解，具有较好的寻优性能。通过对船舶电力网络拓扑结构的优化和增加网络中节点对应设备合理数量的备件，使船舶电力系统结构性能得到了提升，为指导船舶电力系统设计工作的科学性提供了理论依据。

本章参考文献

[1] 张志华. 可靠性理论及工程应用[M]. 北京：科学出版社，2012.

[2] 陆志峰，周家启，阳少华，等. 多元件备用系统可靠性计算研究[J]. 中国电机工程学报，2002，22（6）：52-55.

[3] 阮旻智，李庆民，彭英武，等. 任意结构系统的备件满足率模型及优化方法[J]. 系统工程与电子技术，2011，33（8）：1799-1803.

[4] 阮旻智，李庆民，张光宇，等. 多约束下舰船装备携行备件保障方案优化方法[J]. 兵工学报，2013，34（9）：1144-1149.

[5] WEN U P，HSU S T. Linear bi-level programming problems：A Review[J]. Journal of the Operational Research Society，1991，42（2）：125-133.

[6] BARD J F. An algorithm for solving the general bi-level programming problem[J]. Mathematics of Operations Research，1983（8）：260-272.

[7] BIALAS W F，KARWAN M. Two-level linear programming[J]. Management Science，1984，30（8）：1004-1020.

[8] 许旭峰，黄民翔，王婷婷，等. 基于模糊机会约束二层规划的配电网检修计划优化[J]. 电工技术学报，2010，25（3）：157-163.

[9] 杨知方，钟海旺，夏清，等. 输电网结构优化问题研究综述和展望[J]. 中国电机工程学报，2016，36（2）：426-434，599.

[10] Holland J H. Concerning efficient adaptive systems[J]. Self-Organizing Systems，1962：215-230.

[11] Holland J H. Adaptation in natural and artificial systems[M]. Cambridge：The MIT Press，1975.

[12] BREMERMANN H J. Optimization through evolution and recombination[J]. Self-Organizing Systems，1962：93-106.

[13] 明亮. 遗传算法的模式理论及收敛理论[D]. 西安：西安电子科技大学，2006.

第 7 章

脆弱性综合评估理论在船舶电力系统论证中的应用

本章以具有代表性的世界典型船舶电力系统为研究对象,对本书所提出的考虑元件可靠性的船舶电力系统脆弱环节辨识模型、基于多尺度范数的船舶电力系统脆弱程度评估模型,以及船舶电力系统结构性能优化模型进行算例验证。

7.1 船舶电力系统脆弱环节辨识方法算例验证

本节以某传统船舶电力系统、英国 45 型船舶电力系统、美国船舶典型电力系统和美国航空母舰电力系统为研究对象，对本书中考虑元件可靠性的船舶电力系统脆弱环节辨识模型进行验证。

7.1.1 某传统船舶电力系统

图 7.1 所示为某传统船舶电力系统主干电力网络拓扑模型。

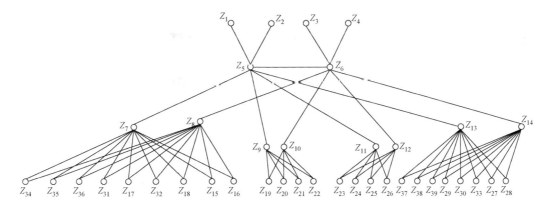

图 7.1   某传统船舶主干电力网络拓扑结构图

某传统船舶电力系统包含 4 台主发电机、2 个主配电板和 19 个分配电板。2 个主配电板分别安装在前、后电站的三甲板上，并通过跨接线相连。图 7.1 中：$Z_1 \sim Z_4$ 为发电机；Z_5、Z_6 为前、后电站发电机控制屏和母联屏合并节点；$Z_7 \sim Z_{14}$ 为主配电板负载屏；$Z_{15} \sim Z_{33}$ 为 19 个分配电板；Z_{34} 和 Z_{39} 为事故电源；Z_{35} 为舵机；$Z_{36} \sim Z_{38}$ 为消防泵。19 个分配电中心连接负载的网络拓扑结构图见附录 C。

通过网络的邻接矩阵可以计算某传统船舶电力系统的网络特征参数及分布。表 7.1 反映某传统船舶电力系统主干电力网络的特征参数；图 7.2 反映某传统船舶电力系统各节点度数的大小；图 7.3 反映某传统船舶电力系统各节点介数的大小；图 7.4 反映某传统船舶电力系统各节点最大连通子图规模的大小。

表 7.1   某传统船舶电力系统主干电力网络特征参数

特征参数	节点个数	效能函数	平均路径长度	聚类系数
某传统船舶电力系统	39	0.403 51	2.900 1	1.058 2

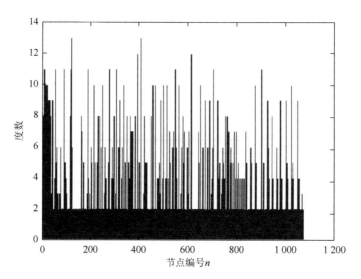

图 7.2   某传统船舶电力系统各节点度数分布

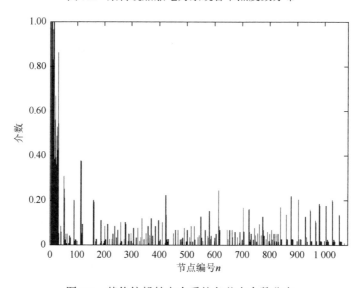

图 7.3   某传统船舶电力系统各节点介数分布

　　利用第 4 章提出的考虑元件可靠性的船舶电力系统脆弱环节辨识模型对某传统船舶电力系统进行脆弱节点辨识。首先选择赋权方法——层次分析法和熵值法，然后计算两种赋权方法下各指标的权重，再通过所提出的自适应综合权重动态获取优化模型各指标的综合权重，最后通过计算节点脆弱度对船舶电力系统中每个节点的脆弱性进行辨识。

　　采用萨迪给出的九标度法判断矩阵，由层次分析法得到的权重 w_{cj}，如表 7.2 所示。

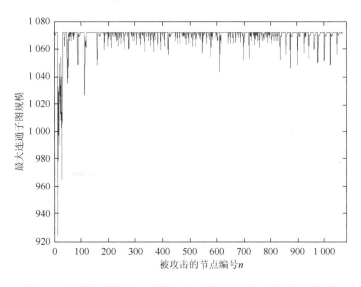

图 7.4 某传统船舶电力系统各节点最大连通子图规模对比图

表 7.2 脆弱性评价指标的层次分析法权重

指标类型	节点度数	节点介数	最大连通子图规模	节点可靠度
权重	0.078 5	0.193 7	0.477 6	0.250 2

由熵值法分别计算各脆弱性指标的熵和熵权 w_{ej}，如表 7.3 所示。

表 7.3 脆弱性评价指标的熵权

指标类型	节点度数	节点介数	最大连通子图规模	节点可靠度
熵权	0.220 2	0.341 2	0.312 1	0.126 5

利用自适应综合权重动态获取优化模型，将层次分析法与熵值法的权重方案综合，得到第 j 个指标的综合权重为

$$w_{sj} = \mu_{1j} w_{cj} + \mu_{2j} w_{ej} \qquad (7.1.1)$$

式中：μ_{1j}, μ_{2j} 为参与系数，$\mu_{1j}, \mu_{2j} \in [0,1]$。

用 MATLAB 求解自适应综合权重动态获取优化模型，可得

$$\begin{cases} \mu_{11} = 1, \\ \mu_{12} = 0.161\ 5, \\ \mu_{13} = 1, \\ \mu_{14} = 0, \end{cases} \qquad \begin{cases} \mu_{21} = 0 \\ \mu_{22} = 0.838\ 5 \\ \mu_{23} = 0 \\ \mu_{24} = 1 \end{cases}$$

由上述结果可以得到综合权重如表 7.4 所示。

表 7.4 脆弱性评估指标的综合权重

指标类型	节点度数	节点介数	最大连通子图规模	节点可靠度
综合权重	0.078 5	0.317 4	0.477 6	0.126 5

再计算各节点的脆弱度，将节点脆弱度与节点介数、节点度数和最大连通子图规模等传统的脆弱性指标相比较，得到节点脆弱性辨识结果如表 7.5 所示。

表 7.5 节点脆弱性辨识结果比较

排序	节点度数	节点介数	最大连通子图规模	节点脆弱度
1	120	5	15	15
2	410	6	30	30
3	396	7	20	6
4	615	8	19	5
5	7	15	32	8
6	8	13	27	7
7	54	14	25	20
8	90	30	31	19
9	119	9	28	27
10	188	10	22	32
11	279	20	17	25
12	307	11	114	14
13	549	12	115	13
14	704	19	18	28
15	902	32	23	31
16	13	27	16	22
17	14	25	51	17
18	19	31	24	18
19	213	28	29	23
20	250	22	52	16
21	337	17	613	115
22	458	114	875	54
23	467	115	54	902
24	500	18	902	90
25	514	23	89	29
26	565	16	161	120
27	617	51	1 024	410
28	653	24	1 025	875

排序	节点度数	节点介数	最大连通子图规模	节点脆弱度
29	705	29	90	10
30	875	52	21	9
31	1 025	613	162	396
32	15	422	978	1 025
33	16	875	979	24
34	17	423	1 002	615
35	18	54	1 003	549
36	20	902	837	613
37	22	89	702	188
38	23	161	723	279
39	25	1 024	944	979
40	26	1 025	945	1 003
41	27	90	580	307
42	28	21	26	119
43	29	162	163	337
44	30	978	424	723
45	41	979	858	26
46	322	1 002	1 049	21
47	490	1 003	1 050	162
48	672	837	549	704
49	690	702	927	12
50	723	723	337	11

为验证节点脆弱度的有效性，依据各指标的节点排序选择对系统中的脆弱节点进行移除，设计了以下 4 种移除模式。

（1）C 模式，将船舶电力系统各节点的脆弱度由大到小排序，并依次移除该排序中的前 50 个元件。

（2）D 模式，将船舶电力系统各节点的度数值由大到小排序，并依次移除该排序中的前 50 个元件。

（3）G 模式，将船舶电力系统各节点的最大连通子图规模 G_i 值由小到大排序，并依次移除该排序中的前 50 个元件。

（4）B 模式，将船舶电力系统各节点的介数值由大到小排序，并依次移除该排序中的前 50 个元件。

在 C 模式、D 模式、G 模式和 B 模式这 4 种移除模式下，某传统船舶电力系统的效能函数变化趋势如图 7.5～图 7.8 所示。

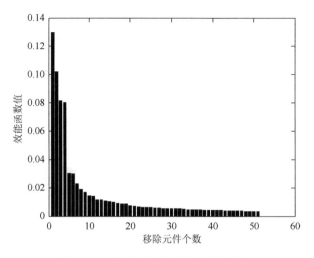

图 7.5   C 模式下效能函数的变化趋势

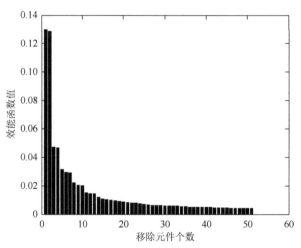

图 7.6   D 模式下效能函数的变化趋势

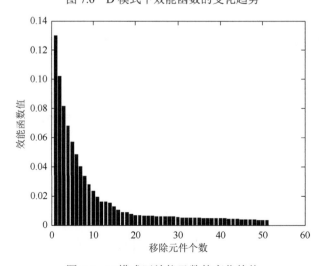

图 7.7   G 模式下效能函数的变化趋势

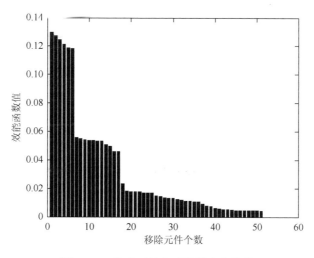

图 7.8　B 模式下效能函数的变化趋势

由图 7.5～图 7.8 可以看出,当移除 10 个节点后,C 模式下的效能函数下降了 88.85%,D 模式攻击下的效能函数下降了 84.32%,G 模式下的效能函数下降了 81.94%,B 模式下的效能函数下降了 58.56%。节点脆弱度较好地辨识出了系统的脆弱环节,全面、客观地反映出了船舶电力系统中节点的脆弱程度。

7.1.2　英国 45 型船舶电力系统

图 7.9 为英国 45 型船舶电力系统的结构示意图。这是欧洲国家船舶电网的一种典型

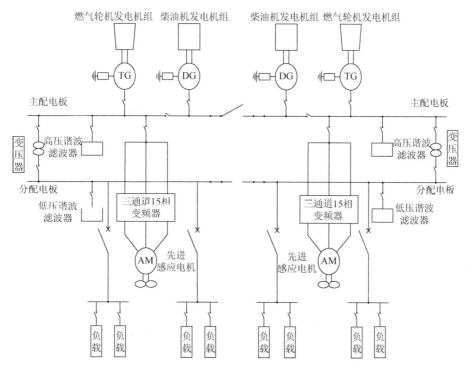

图 7.9　英国 45 型船舶电力系统的结构示意图

配电方式。这种方式具有三个特点：一是采用两个对等的电站，可以互为备用；二是采用"配电中心"的供电方式；三是两个电站可以实行并联运行，最大限度地保证供电的不间断性。

图 7.10 为英国 45 型船舶电力系统对应的拓扑网络模型。图中：节点 1 和节点 4 为燃气发电机组；节点 2 和节点 3 为柴油发电机组；节点 5~8 为主配电板；节点 9 和节点 10 为感应电机；节点 11 和节点 12 为变压器；节点 13~16 为分配电板；节点 17~24 为负载。

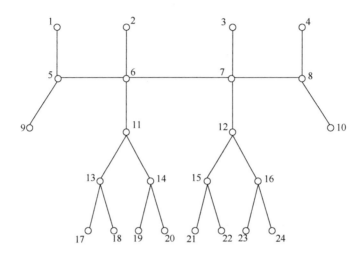

图 7.10   英国 45 型船舶电力系统网络拓扑结构图

通过网络邻接矩阵计算英国 45 型船舶电力系统中各节点的度数、介数和最大连通子图规模指标，如图 7.11~图 7.13 所示。

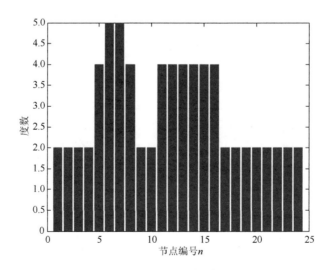

图 7.11   英国 45 型船舶电力系统节点度数分布图

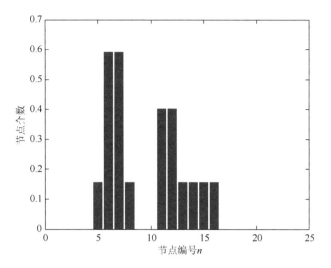

图 7.12　英国 45 型船舶电力系统节点介数分布图

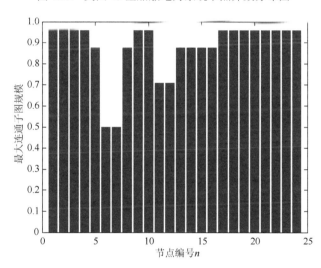

图 7.13　英国 45 型船舶电力系统节点最大连通子图规模对比图

对各节点的可靠度指标进行计算分析。表 7.6 为英国 45 型船舶主要元件 MTBF 和各元件的平均故障率。

表 7.6　英国 45 型船舶各元件 MTBF 和平均故障率

可靠性指标	配电板	变压器	燃发机组	柴发机组	感应电机
MTBF/h	10 000	4 300	1 000	3 000	3 000
平均故障率	0.000 1	0.000 23	0.001	0.000 33	0.000 33

由平均故障率可计算出英国 45 型船舶电力系统各节点的可靠度,结果如图 7.14 所示。

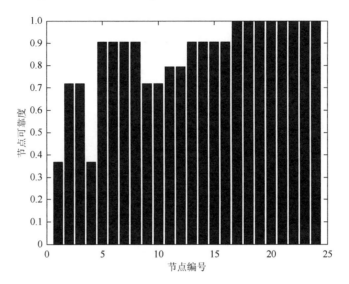

图 7.14 英国 45 型船舶电力系统节点可靠度分布图

利用考虑元件可靠性的船舶电力系统脆弱环节辨识模型对英国 45 型船舶电力系统进行脆弱性分析，计算出各节点的脆弱度如图 7.15 所示。

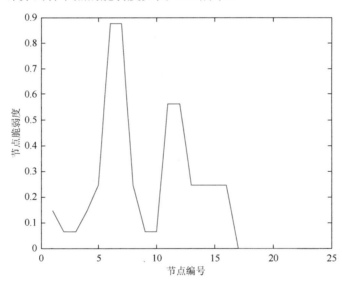

图 7.15 英国 45 型船舶电力系统节点脆弱度

将节点脆弱度与节点度数、节点介数和最大连通子图规模等传统的脆弱性指标相比较，得到节点脆弱性辨识结果如表 7.7 所示。

表 7.7 节点脆弱性辨识结果比较

排序	节点脆弱度	节点度数	节点介数	最大连通子图规模	节点可靠度
1	6	6	6	6	1
2	7	7	7	7	4

续表

排序	节点脆弱度	节点度数	节点介数	最大连通子图规模	节点可靠度
3	11	5	11	11	2
4	12	8	12	12	3
5	5	11	5	5	9
6	8	12	8	8	10
7	13	13	13	13	11
8	14	14	14	14	12
9	15	15	15	15	5
10	16	16	16	16	6
11	1	9	9	9	7
12	4	10	10	10	8
13	2	17	17	17	13
14	3	18	18	18	14
15	9	19	19	19	15
16	10	20	20	20	16
17	17	21	21	21	17
18	18	22	22	22	18
19	19	23	23	23	19
20	20	24	24	24	20
21	21	1	1	1	21
22	22	2	2	2	22
23	23	3	3	3	23
24	24	4	4	4	24

由表 7.7 可以看出，节点脆弱度、节点度数、节点介数和最大连通子图规模指标辨识出来的系统脆弱节点排序前 2 的节点都是主配电板节点。节点脆弱度、节点介数和最大连通子图规模指标对节点排序的结果中前 10 个节点是一致的；节点度数指标排序位于 3~10 的节点为配电板节点和变压器节点，这 8 个节点的度数指标值是相同的，无法对变压器节点和配电板节点的脆弱程度进行有效辨识。节点可靠度指标由于纯粹从元件的可靠性程度来辨识节点的脆弱性，排序前 4 的节点为发电机节点。如果仅从系统的网络拓扑结构角度辨识系统脆弱环节，节点度数、节点介数和最大连通子图规模指标排序位于 11~24 的节点都是一样的，包括发电机节点和负载节点；但实际上，发电机节点的可靠性低于负载节点。本书中节点脆弱度指标将元件可靠性水平考虑系统脆弱节点辨识中来，节点脆弱度指标下发电机节点的脆弱程度排序高于负载节点的排序。这与实际情况相符，说明了节点脆弱度指标的有效性。

7.1.3　美国船舶典型电力系统

如图 7.16 所示，美国船舶典型电力系统的特点是采用单台发电机组作为一个独立单元。该电力系统选用 2 台应急发电机组，它们的运行完全独立，4 个配电板两两相连，同时通过它们与应急配电板的跨接线形成 2 个闭合的供电环。舰上的重要负荷由主配电板和应急配电板两路供电，照明等设备在主配电板失电时自动转换到其他备用电源上。

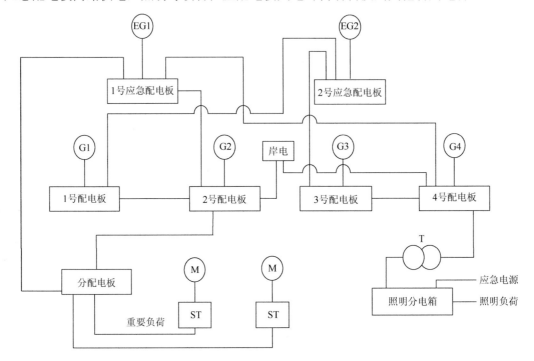

图 7.16　美国船舶典型电力系统

本小节不考虑岸电对系统的影响。图 7.17 为美国船舶典型电力系统对应的拓扑网络模型。图中：节点 1 和节点 2 为应急发电机组；节点 3~6 为发电机组；节点 7~10 为配电板；节点 11 和节点 12 为应急配电板；节点 13 为分配电板；节点 14 为变压器；节点 15 为照明分电箱；节点 16 和节点 17 为重要负荷。

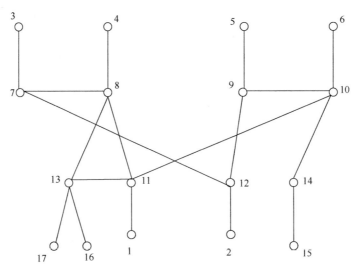

图 7.17　美国船舶典型电力系统网络拓扑结构图

　　通过网络邻接矩阵计算美国船舶典型电力系统中各节点的度数、介数和最大连通子图规模指标，如图 7.18～图 7.20 所示。

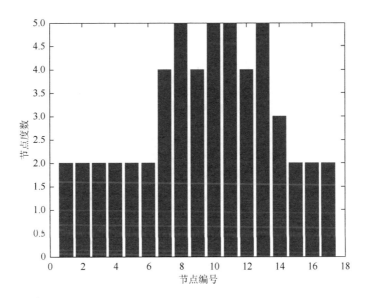

图 7.18　美国船舶典型电力系统节点度数分布图

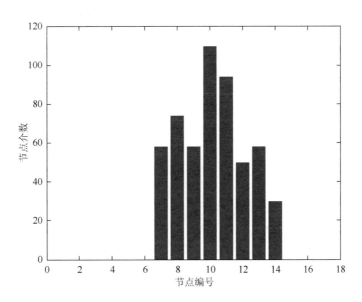

图 7.19　美国船舶典型电力系统节点介数分布图

　　对各节点的可靠度指标进行计算分析。表 7.8 为美国船舶典型电力系统主要元件 MTBF 和平均故障率。

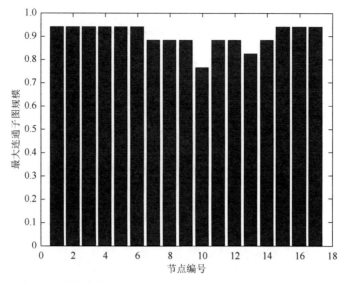

图 7.20　美国船舶典型电力系统节点最大连通子图规模分布图

表 7.8　美国船舶典型电力系统各元件 MTBF 和平均故障率

可靠性指标	配电板	变压器	发电机组
MTBF/h	10 000	4 300	1 000
平均故障率	0.000 1	0.000 23	0.001

由平均故障率可计算出美国船舶典型电力系统各节点的可靠度，结果如图 7.21 所示。

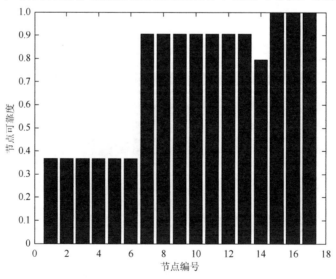

图 7.21　美国船舶典型电力系统节点可靠度分布图

　　利用考虑元件可靠性的船舶电力系统脆弱环节辨识模型对美国船舶典型电力系统进行脆弱性分析。计算出各节点的脆弱度如图 7.22 所示。

　　将节点脆弱度与度数、介数和最大连通子图规模等传统的脆弱性指标相比较，得到节点脆弱性辨识结果如表 7.9 所示。

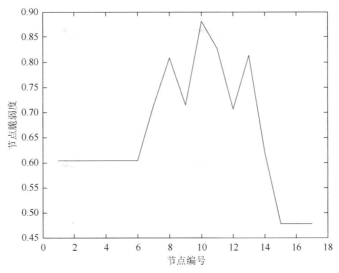

图 7.22　美国船舶典型电力系统节点脆弱度

表 7.9　美国典型船舶电力系统节点脆弱性辨识结果比较

排序	节点脆弱度	节点度数	节点介数	最大连通子图规模	节点可靠度
1	10	8	10	10	1
2	13	10	11	13	2
3	11	11	8	7	3
4	8	13	7	8	4
5	7	7	9	9	5
6	9	9	13	11	6
7	12	12	12	12	14
8	14	14	14	14	7
9	1	1	1	1	8
10	2	2	2	2	9
11	3	3	3	3	10
12	4	4	4	4	11
13	5	5	5	5	12
14	6	6	6	6	13
15	15	15	15	15	15
16	16	16	16	16	16
17	17	17	17	17	17

　　由表 7.9 可以看出，节点脆弱度指标辨识出来的系统脆弱节点排序前 4 的分别是 4 号配电板节点、13 号分配电板节点、1 号应急配电板节点和 2 号配电板节点。分配电板节点连接着系统中的重要负荷，能够得到有效辨识，与实际情况相符，说明了节点脆弱度指标的有效性。

7.1.4　美国航空母舰电力系统

　　如图 7.23 所示，美国航空母舰电力系统采用网形的供电方式。系统形成了多个闭环，这种网络的形状犹如车轮，美国人称之为辐形电网。它的供电生命力较高，在电站数量较多的情况下，可以避免多个电站之间错综复杂的母线跨接线。

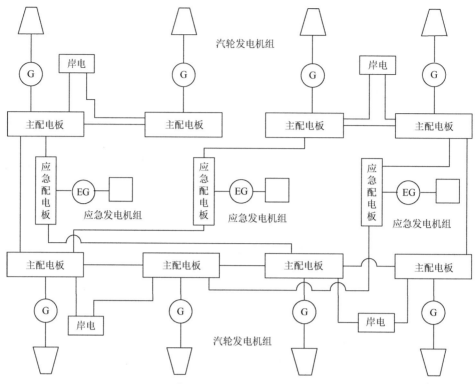

图 7.23　美国航空母舰电力系统

　　本小节不考虑岸电对系统的影响。图 7.24 为美国航空母舰电力系统对应的拓扑网络模型。图中：节点 1～8 为发电机组；节点 9～11 为应急发电机组；节点 12～19 为主配电板；节点 20～22 为应急配电板。

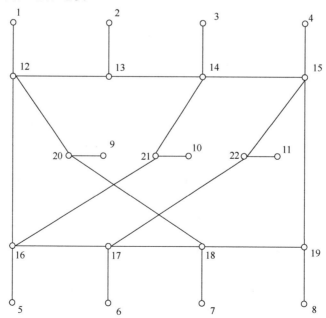

图 7.24　美国航空母舰电力系统网络拓扑图

通过网络邻接矩阵计算美国航空母舰电力系统中各节点的度数、介数和最大连通子图规模指标，如图 7.25～图 7.27 所示。

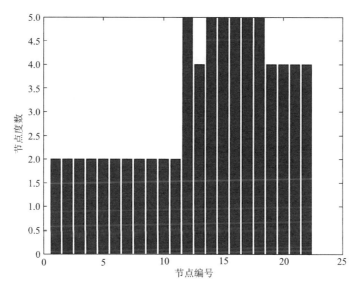

图 7.25　美国航空母舰电力系统节点度数分布图

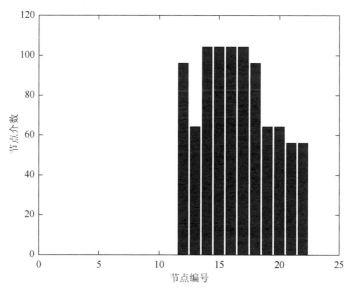

图 7.26　美国航空母舰电力系统节点介数分布图

对各节点的可靠度指标进行计算分析。表 7.10 为美国航空母舰电力系统主要元件 MTBF 和各元件的平均故障率。

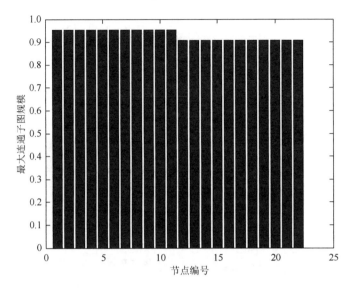

图 7.27　美国航空母舰电力系统节点最大连通子图规模分布图

表 7.10　美国航空母舰电力系统各元件 MTBF 和平均故障率

可靠性指标	配电板	发电机组
MTBF/h	10 000	3 000
平均故障率	0.000 1	0.000 33

由平均故障率可以计算出美国航空母舰电力系统各节点的可靠度，结果如图 7.28 所示。

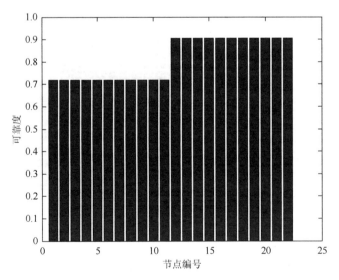

图 7.28　美国航空母舰电力系统节点可靠度分布图

利用考虑元件可靠性的船舶电力系统脆弱环节辨识模型对美国航空母舰电力系统进行脆弱性分析，计算出各节点的脆弱度如图 7.29 所示。

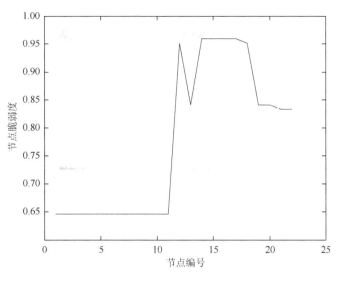

图 7.29 美国航空母舰电力系统节点脆弱度

将节点脆弱度与节点度数、节点介数和最大连通子图规模等传统的脆弱性指标相比较，得到节点脆弱性辨识结果如表 7.11 所示。

表 7.11 美国航空母舰电力系统节点脆弱性辨识结果比较

排序	节点脆弱度	节点度数	节点介数	最大连通子图规模	节点可靠度
1	14	12	14	12	1
2	15	14	15	13	2
3	16	15	16	14	3
4	17	16	17	15	4
5	12	17	18	16	5
6	18	18	12	17	6
7	13	13	19	18	7
8	19	19	20	19	8
9	20	20	13	20	9
10	21	21	21	21	10
11	22	22	22	22	11
12	1	1	1	1	12
13	2	2	2	2	13
14	3	3	3	3	14
15	4	4	4	4	15
16	5	5	5	5	16
17	6	6	6	6	17
18	7	7	7	7	18
19	8	8	8	8	19
20	9	9	9	9	20
21	10	10	10	10	21
22	11	11	11	11	22

由表 7.11 可以看出，利用节点脆弱度指标辨识出来的美国航空母舰电力系统中最脆弱的 4 个节点为 14～17 号主配电板节点，其次是 12、18 号主配电板节点。配电板节点的可靠度指标相同，但在系统中若处于不同的位置，其脆弱程度也有区别。节点脆弱度指标较好地辨识出系统的脆弱节点，与实际相符。

7.2 船舶电力系统脆弱程度评估方法算例验证

本节以英国 45 型船舶电力系统、美国船舶典型电力系统和美国航空母舰电力系统，以及某新型船舶电力系统为研究对象，从改变元件可靠性后系统脆弱程度差异比较、不同拓扑结构下系统脆弱程度差异比较，以及元件可靠性较差时网络拓扑结构优化对系统脆弱程度的影响这三个层次，对本书中船舶电力系统脆弱程度评估方法进行验证。

7.2.1 改变元件可靠性后系统脆弱程度差异比较分析

英国 45 型船舶电力系统包含 2 台 WR-21 燃气涡轮机组和 2 组柴油发电机，这款先进的军舰却在使用中接连出现问题，WR-21 燃气涡轮机组中冷回热系统的故障导致失去有效发电功率的情况越来越严重，燃气轮机的可靠性水平严重影响电力系统的安全性。本小节将在合理的电力系统简化网络模型的基础上，在研究不改变网络拓扑结构的前提下元件可靠性的改变对船舶电力系统脆弱程度的影响，进一步验证船舶电力系统脆弱程度评估模型的有效性。

英国 45 型船舶的燃气轮机可靠性较差，若将 2 台燃气轮机换为可靠性水平较高的柴油发电机，则船舶电力系统中节点对应设备的可靠性将发生变化，而整个船舶电力系统的拓扑结构并未发生改变。将 2 台燃气轮机换为柴油发电机这种情形称为模式 2，7.1.2 小节中英国 45 型船舶电力系统中包含 2 台燃气涡轮机组和 2 台柴油发电机的初始模式称为模式 1。由平均故障率可以计算模式 2 下电力系统各节点的可靠度，如表 7.12 所示。

表 7.12 模式 2 下英国 45 型船舶节点可靠度指标

节点编号	可靠度	节点编号	可靠度	节点编号	可靠度	节点编号	可靠度
1	0.718 9	7	0.904 8	13	0.904 8	19	0.999 9
2	0.718 9	8	0.904 8	14	0.904 8	20	0.999 9
3	0.718 9	9	0.718 9	15	0.904 8	21	0.999 9
4	0.718 9	10	0.718 9	16	0.904 8	22	0.999 9
5	0.904 8	11	0.794 5	17	0.999 9	23	0.999 9
6	0.904 8	12	0.794 5	18	0.999 9	24	0.999 9

模式 2 下，船舶电力系统的拓扑结构未发生改变，各节点对应的度数、介数和最大连通子图规模指标值与模式 1 下的一样。利用考虑元件可靠性的船舶电力系统脆弱环节辨识模型，计算模式 2 下电力系统各节点的脆弱度如图 7.30 所示。

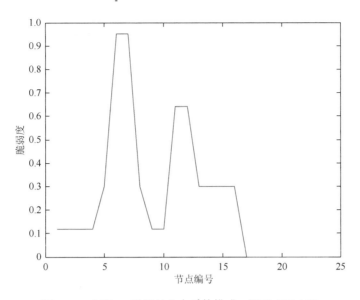

图 7.30　英国 45 型船舶电力系统模式 2 下节点脆弱度

进一步分析英国 45 型船舶电力系统改变部分元件可靠性前后系统脆弱程度的变化，计算电力系统两种模式下改进的多尺度综合脆弱度范数 $\tilde{P}_s^p$，如表 7.13 所示。

表 7.13　改进的多尺度综合脆弱度范数

p	模式 1	模式 2
$P = 1$	0.936 6	0.883 8
$P = 2$	0.202 3	0.193 1
$P = 3$	0.130 6	0.126 7
$P = 4$	0.107 9	0.105 9
$P = 5$	0.097 4	0.096 4
$P = 6$	0.091 6	0.091 0
$P = 7$	0.087 9	0.087 6
$P = 8$	0.085 4	0.085 2
$P = 9$	0.083 6	0.083 5
$P = 10$	0.082 2	0.082 1

将英国 45 型船舶电力系统两种模式下改进的多尺度综合脆弱度范数进行比较，如图 7.31 所示。

由图 7.31 可以看出，模式 2 改进的多尺度综合脆弱度范数值 $\tilde{P}_s^p$ 低于模式 1。多尺度综合脆弱度范数 $\tilde{P}_s^p$ 值越小，船舶电力系统的脆弱程度越低。由此可见，将英国 45 型船舶电力系统中可靠性较差的 2 台燃气轮机换为可靠度较高的柴油发电机后，系统的脆弱程度降低了，这与实际相符。从上述分析可以看到，网络拓扑结构不变时，改善节点对应设备的可靠性可以降低系统脆弱程度，使系统结构性能得到提升。同时，也进一步验证了改进的多尺度综合脆弱度范数衡量系统脆弱程度差异的有效性。

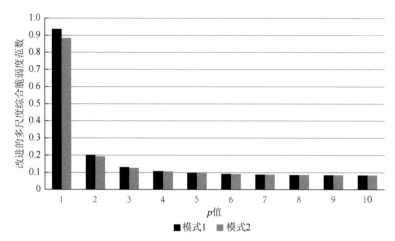

图 7.31   两种模式下英国 45 型船舶电力系统改进的多尺度综合脆弱度范数比较

7.2.2   不同拓扑结构下系统脆弱程度差异比较分析

1. 美国船舶典型电力系统与美国航空母舰电力系统脆弱程度比较

下面以美国船舶典型电力系统和美国航空母舰电力系统为研究对象进行比较分析。由于两种类型的船舶都属于美国，系统中元件的可靠性水平也一致。比较这两种类型船舶电力系统的脆弱程度可以实现不同拓扑结构的船舶电力系统脆弱程度的评估。

计算美国船舶典型电力系统和美国航空母舰电力系统改进的多尺度综合脆弱度范数 $\tilde{P}_s^p$，如表 7.14 所示。表 7.14 表征了不同 p 范数意义下船舶电力系统脆弱程度的差异。由于 p 范数在 l^p 空间是等价的，不同 p 范数意义下船舶电力系统脆弱程度的变化趋势是一致的。

表 7.14   改进多尺度综合脆弱度范数

p	美国船舶典型电力系统	美国航空母舰电力系统
1	2.110 5	1.853 2
2	1.313 5	1.214 2
3	1.142 4	1.071 1
4	1.074 5	1.013 4
5	1.040 2	0.984 2
6	1.020 5	0.967 6
7	1.008 3	0.957 5
8	1.000 3	0.951 2
9	0.995 0	0.947 3
10	0.991 4	0.945 0

将美国船舶典型电力系统和美国航空母舰电力系统改进的多尺度综合脆弱度范数进行比较，如图 7.32 所示。

由图 7.32 可以看到，美国航空母舰电力系统改进的多尺度综合脆弱度范数值 $\tilde{P}_s^p$ 低于美国船舶典型电力系统。多尺度综合脆弱度范数 $\tilde{P}_s^p$ 值越小，船舶电力系统的脆弱程度越低；多尺度综合脆弱度范数 $\tilde{P}_s^p$ 值越大，船舶电力系统的脆弱程度越高。因此，美国航空母舰电力系统的脆弱程度低于美国船舶典型电力系统，这也说明美国航空母舰电力系统在网

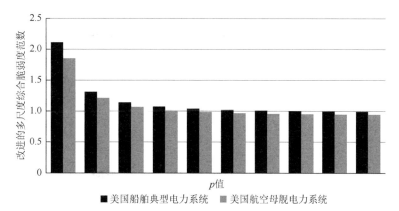

图 7.32　美国船舶典型电力系统与航空母舰电力系统改进的多尺度综合脆弱度范数比较

络结构上是优于美国船舶典型电力系统的。美国航空母舰电力系统采用网形的供电方式，系统形成了多个闭环，这种网络的形状犹如车轮，也被称为辐形电网。它的系统脆弱程度确实低于美国船舶典型电力系统。这也从实际验证了本书中的系统脆弱程度评估方法的有效性。

2. 某新型船舶电力系统不同拓扑结构脆弱程度比较

下面以某新型船舶电力系统为研究对象，主要分析当船舶电力系统中节点对应设备可靠性不变时，网络拓扑结构的改变对船舶电力系统脆弱程度的影响。

图 7.33 所示为某新型船舶电力系统网络结构示意图。建立船舶电力系统等效网络模型，结合其结构及运行特点，将发电机、主配电板和分配电板等电网元件等效为复杂网络模型中的节点；将电网元件间的连接关系等效为复杂网络模型中的边，建立等效船舶电力系统拓扑网络模型，如图 7.34～图 7.36 所示。

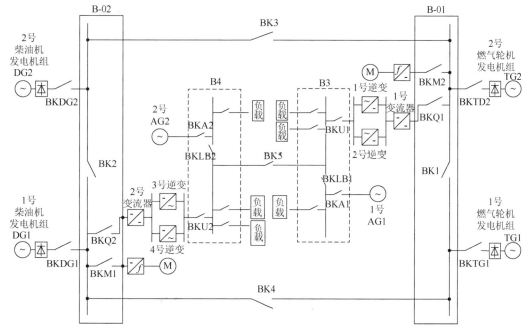

图 7.33　某新型船舶电力系统

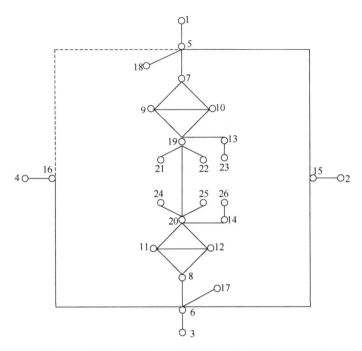

图 7.34　某新型船舶电力系统结构 1 主干网拓扑结构图

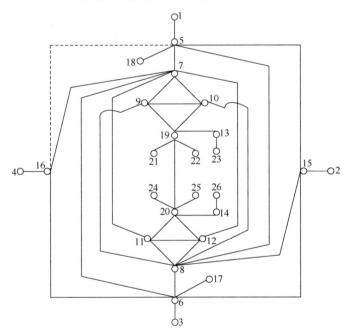

图 7.35　某新型船舶电力系统结构 2 主干网拓扑结构图

图 7.34 所示为分布式发电辐射状配电网络，称为结构 1。其网络结构特点是供电网络采用区域电站供电的形式，配电网络采用传统辐射状配电形式。

图 7.35 所示为分布式发电直流区域配电网络，称为结构 2。其网络结构特点是供电网络采用区域电站供电的形式，配电网络采用直流区域配电形式。

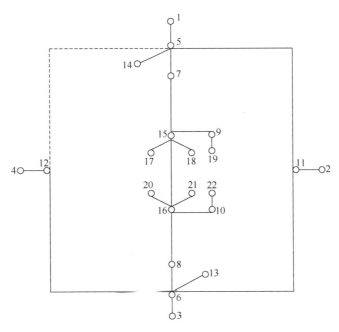

图 7.36　某新型船舶电力系统结构 3 主干网拓扑结构图

在某新型船舶电力系统拓扑结构 1 与结构 2 中：节点 1 和节点 4 为燃气轮机发电机组；节点 2 和节点 3 为柴油机发电机组；节点 5、6、15、16 为中压配电板；节点 7 和节点 8 为变流器；节点 9～12 为逆变器；节点 13 和节点 14 为辅助发电机；节点 17 和节点 18 为推进负载；节点 19 和节点 20 为配电板；节点 21～26 为负载。

图 7.36 为某新型船舶电力系统结构 3 对应的网络拓扑连接图。在结构 3 中，将 2 台逆变器并联后与 1 台变流器串联构成配电中心。节点 1 和节点 4 为燃气发电机组；节点 2 和节点 3 为柴油发电机组；节点 5、6、11、12 为中压配电板；节点 7 和节点 8 为配电中心；节点 9 和节点 10 为辅助发电机；节点 13 和节点 14 为推进负载；节点 15 和节点 16 为配电板；节点 17～22 为负载。

船舶电力系统多尺度综合脆弱度范数可以实现对不同船舶电力系统脆弱程度的评估，通过计算该指标，可以比较某新型船舶电力系统不同拓扑网络结构脆弱程度的差异。在计算船舶电力系统多尺度综合脆弱度范数的过程中，需要计算网络中每个节点的度数、介数、最大连通子图规模和可靠度指标。度数、介数和最大连通子图规模指标可以通过邻接矩阵计算得到，下面着重分析可靠度指标的计算。

在产品的可靠性研究中，指数分布是最常用的寿命分布之一。计算某新型船舶电力系统中各节点对应设备的可靠度指标时，假设船舶电力系统节点对应设备的寿命服从指数分布。表 7.15 为某新型船舶主要设备元件 MTBF 和平均故障率。

表 7.15　某新型船舶电力系统各元件 MTBF 和平均故障率

可靠性指标	配电板	变流器	逆变器	燃发机组	柴发机组
MTBF/h	10 000	3 000	3 000	300	1 000
平均故障率	0.000 1	0.000 3	0.000 3	0.003	0.001

由于某新型船舶电力系统结构 1 与结构 2 的不同主要是网络连接关系，这两种结构下各节点的可靠度指标是一样的。图 7.37 显示了某新型船舶电力系统结构 1 和结构 2 各节点可靠度的变化规律。

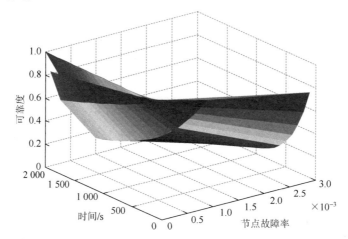

图 7.37   某新型船舶电力系统结构 1 和结构 2 各节点可靠度变化趋势

表 7.16 为某新型船舶电力系统结构 1 和结构 2 各节点的可靠度指标。

表 7.16   某新型船舶电力系统结构 1 和结构 2 各节点可靠度指标

节点编号	可靠度	节点编号	可靠度
1	0.035 7	14	0.367 9
2	0.367 9	15	0.904 8
3	0.367 9	16	0.904 8
4	0.035 7	17	0.999 9
5	0.904 8	18	0.999 9
6	0.904 8	19	0.904 8
7	0.716 5	20	0.904 8
8	0.716 5	21	0.999 9
9	0.716 5	22	0.999 9
10	0.716 5	23	0.999 9
11	0.716 5	24	0.999 9
12	0.716 5	25	0.999 9
13	0.367 9	26	0.999 9

某新型船舶电力系统结构 3 中的配电中心为 2 台逆变器并联后与 1 台变流器的串联。对于 2 个元件构成的并联系统而言，可得并联系统可靠度 $R(t)$ 满足

$$R(t) = 1 - (1 - R_1)(1 - R_2) = R_1 + R_2 - R_1 \cdot R_2 = \mathrm{e}^{-\lambda_1 t} + \mathrm{e}^{-\lambda_2 t} - \mathrm{e}^{-(\lambda_1 + \lambda_2)t} \tag{7.2.1}$$

因此 2 个元件构成的并联系统的 MTBF 满足

$$\mathrm{MTBF} = \mathrm{MTBF}_1 + \mathrm{MTBF}_2 - \frac{\mathrm{MTBF}_1 \cdot \mathrm{MTBF}_2}{\mathrm{MTBF}_1 + \mathrm{MTBF}_2} \tag{7.2.2}$$

对于两个元件构成的串联系统而言，可得串联系统可靠度 $R(t)$ 满足

$$R(t) = R_1 \cdot R_2 = \mathrm{e}^{-\lambda_1 t} \cdot \mathrm{e}^{-\lambda_2 t} \tag{7.2.3}$$

因此两个元件构成的串联系统的 MTBF 满足

$$\mathrm{MTBF} = \frac{\mathrm{MTBF}_1 \cdot \mathrm{MTBF}_2}{\mathrm{MTBF}_1 + \mathrm{MTBF}_2} \tag{7.2.4}$$

由串并联系统可靠性计算公式可得配电中心的可靠度为

$$R(t) = R_1[1 - (1 - R_2)^2] \tag{7.2.5}$$

式中：R_1 为变流器的可靠度；R_2 为逆变器的可靠度。由此可得某新型船舶电力系统结构 3 中配电中心节点 7 和节点 8 的可靠度。

图 7.38 显示了某新型船舶电力系统结构 3 各节点可靠度的变化规律。

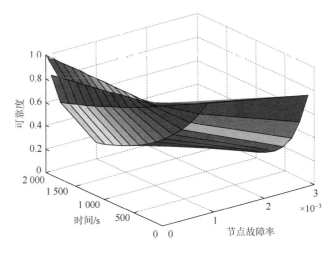

图 7.38　某新型船舶电力系统结构 3 各节点可靠度变化趋势

表 7.17 为某新型船舶电力系统结构 3 各节点的可靠度指标。

表 7.17　某新型船舶电力系统结构 3 各节点可靠度指标

节点编号	可靠度	节点编号	可靠度
1	0.035 7	12	0.904 8
2	0.367 9	13	0.999 9
3	0.367 9	14	0.999 9
4	0.035 7	15	0.904 8
5	0.904 8	16	0.904 8
6	0.904 8	17	0.999 9
7	0.573 8	18	0.999 9
8	0.573 8	19	0.999 9
9	0.367 9	20	0.999 9
10	0.367 9	21	0.999 9
11	0.904 8	22	0.999 9

计算某新型船舶电力系统三种结构下改进的船舶电力系统多尺度综合脆弱度范数 $\tilde{P}_s^p$，如表 7.18 所示。表 7.18 表征了不同 p 范数意义下船舶电力系统脆弱程度的差异。由于 p 范数在 l^p 空间是等价的，不同 p 范数意义下船舶电力系统脆弱程度的变化趋势是一致的。

表 7.18　改进的多尺度综合脆弱度范数 $\tilde{P}_s^p$

p	结构 1	结构 2	结构 3
1	1.019 7	0.907 5	1.105 6
2	0.181 2	0.167 8	0.233 3
3	0.107 9	0.101 9	0.146 6
4	0.085 2	0.081 3	0.118 6
5	0.074 8	0.071 9	0.105 4
6	0.069 0	0.066 5	0.097 9
7	0.065 4	0.063 2	0.093 1
8	0.062 9	0.060 9	0.089 8
9	0.061 1	0.059 3	0.087 4
10	0.059 8	0.058 1	0.085 6

将某新型船舶电力系统三种结构下改进的船舶电力系统多尺度综合脆弱度范数 $\tilde{P}_s^p$ 进行比较，如图 7.39 所示。

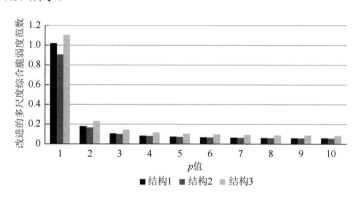

图 7.39　三种结构下某新型船舶电力系统 $\tilde{P}_s^p$ 值比较

由图 7.39 可以看到，改进的多尺度综合脆弱度范数 $\tilde{P}_s^p$ 由小到大的排序依次为结构 2、结构 1、结构 3。而多尺度综合脆弱度范数 $\tilde{P}_s^p$ 值越大，表征船舶电力系统的脆弱程度越高。因此，某新型船舶电力系统三种结构脆弱程度由小到大的排序依次为结构 2、结构 1、结构 3。这说明结构 2 的设计优于结构 1 和结构 3，即分布式发电直流区域配电网络在结构上是优于分布式发电辐射状配电网络的。从上述分析可以看到，系统中节点对应设备可靠性不变时，改善网络拓扑结构可以降低系统脆弱程度，使系统结构性能得到提升。

7.2.3　元件可靠性较差时网络拓扑结构优化对系统脆弱程度的影响

由于不同国家生产工艺水平存在一定差距，某新型船舶的燃发机组和柴发机组的可靠性水平均低于英国 45 型船舶。本小节将比较船舶电力系统中节点对应设备可靠性存在差异时，网络拓扑结构对系统脆弱程度的影响。

从前面对某新型船舶电力系统和英国 45 型船舶电力系统脆弱程度进行分析中可以看到，某新型船舶的燃发机组 MTBF 为 300 h，柴发机组 MTBF 为 1 000 h；英国 45 型船舶的燃发机组 MTBF 为 1 000 h，柴发机组 MTBF 为 3 000 h。两种船舶的发电机可靠性水平存在差异，其他主要电气设备的可靠性水平基本一致。将某新型船舶电力系统结构 2 与英国 45 型船舶电力系统模式 1 改进的多尺度综合脆弱度范数进行比较，如图 7.40 所示。

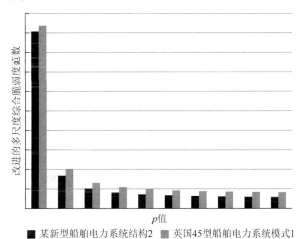

图 7.40　某新型船舶电力系统结构 2 与英国 45 型船舶电力系统模式 $\tilde{P}_s^p$ 值比较

由图 7.40 可以看到，某新型船舶电力系统结构 2 是分布式发电直流区域配电网络，其网络结构特点是供电网络采用区域电站供电的形式，配电网络采用直流区域配电形式。在这样的网络结构下，虽然主要节点设备的可靠性水平低于英国 45 型船舶，但某新型船舶电力系统的多尺度综合脆弱度范数值仍然比英国 45 型船舶要低。这说明良好的网络结构可以弥补设备可靠性的劣势，降低系统的脆弱程度，从而提升系统结构性能。

7.3　实船电力系统结构性能优化算例验证

以某新型船舶电力系统为例，由本书第 6 章所提出的船舶电力系统结构性能双层优化模型及基于系统变阶的改进遗传算法对船舶电力系统结构性能优化策略进行验证。

图 7.41 所示为某新型船舶电力系统网络拓扑图。图中：节点 1 和节点 4 为燃气轮机发电机组；节点 2 和节点 3 为柴油机发电机组；节点 5、6、15、16 为中压配电板；节点 7 和节点 8 为变流器；节点 9～12 为逆变器；节点 13 和节点 14 为辅助发电机；节点 17 和节点 18 为推进负载；节点 19 和节点 20 为配电板；节点 21～26 为负载。本节将船舶电

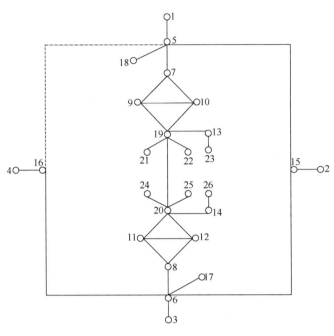

图 7.41　某新型船舶电力系统主干网拓扑结构图

力系统备件简化,只考虑某新型船舶电力系统中主要节点设备的备件配置情形。表 7.19～表 7.22 为各节点对应设备的备件参数。

表 7.19　发电机备件参数

设备	宽/mm	高/mm	深/mm	重量/kg	价格/万元	MTBF/h
励磁控制器(备件 1)	300	500	300	5	30	10 000
整流二极管(备件 2)	540	750	930	300	60	5 000

表 7.20　配电板备件参数

设备	宽/mm	高/mm	深/mm	重量/kg	价格/万元	MTBF/h
断路器(备件 1)	240	805	640	114	173	1 600 000
继电器(备件 2)	90	160	140	1	0.005	1 200 000

表 7.21　变流器备件参数

设备	宽/mm	高/mm	深/mm	重量/kg	价格/万元	MTBF/h
中央控制器(备件 1)	292	211	60	2	28	12 500
逆变单元(备件 2)	300	450	800	28	45	4 000

表 7.22　逆变器备件参数

设备	宽/mm	高/mm	深/mm	重量/kg	价格/万元	MTBF/h
控制器(备件 1)	220	330	160	7.5	10	12 500
功率单元(备件 2)	701	505	155	52	30	4 000

在第 6 章船舶电力系统结构性能优化双目标模型（6.2.15）中，取 $\lambda_1 = 0.8$，$\lambda_2 = 0.2$。由于 p 范数的等价性，不妨取 $p=1$。设备件的质量约束指标 $M_{max} = 1\,800\,\text{kg}$，费用约束指标 $C_{max} = 2\,000$ 万元，体积约束指标 $V_{max} = 50\,\text{m}^3$。利用第 6 章改进的遗传算法可得某新型船舶电力系统结构性能优化结果。图 7.42 为上层优化模型中某新型船舶电力网络拓扑连接方案。表 7.23 为下层优化模型中船舶电力系统中重要节点设备携行备件方案。

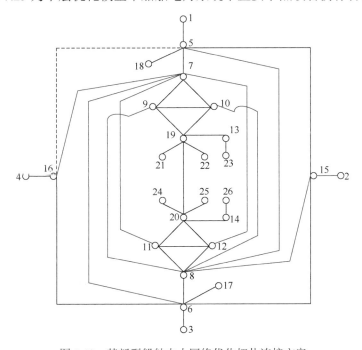

图 7.42　某新型船舶电力网络优化拓扑连接方案

表 7.23　备件携行方案

节点	备件1/个	备件2/个	节点	备件1/个	备件2/个
1	3	0	10	6	1
2	7	1	11	1	1
3	6	1	12	1	1
4	3	0	13	2	0
5	1	8	14	3	0
6	1	5	15	0	4
7	3	2	16	0	5
8	2	3	19	1	2
9	5	1	20	1	3

根据图 7.42 和表 7.23 的结果，优化模型（6.2.15）中目标函数 Q 值下降了 22.68%，说明通过对船舶电力网络拓扑结构的优化和增加系统中节点对应设备合理数量的备件，船舶电力系统的结构性能得到了提升。

附录 A 节点移除后失电负载电流变化趋势

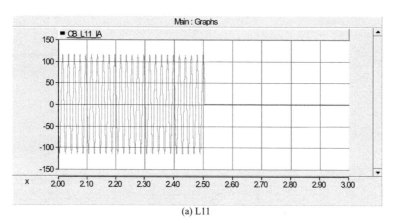

(a) L11

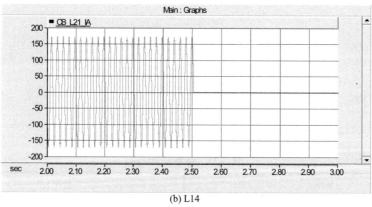

(b) L14

附图 A1 1 个节点移除后失电负载电流变化趋势

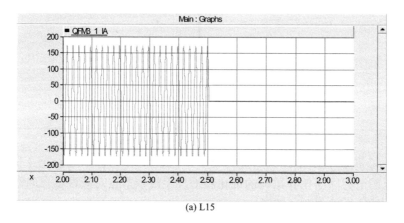

(a) L15

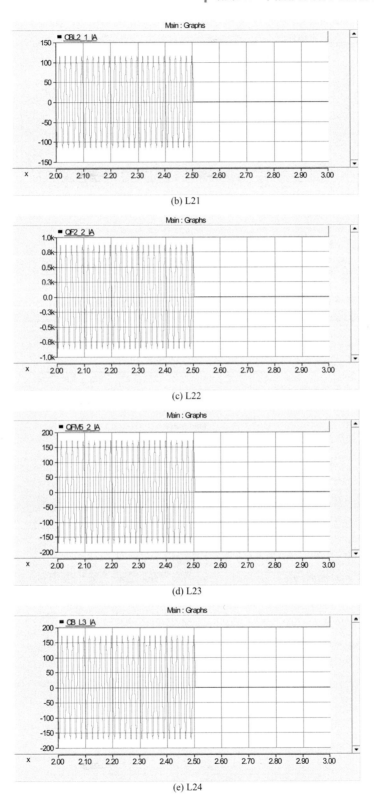

(b) L21

(c) L22

(d) L23

(e) L24

附图 A2　2 个节点移除后失电负载电流变化趋势

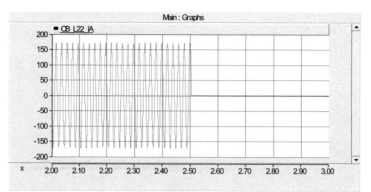

(a) L25

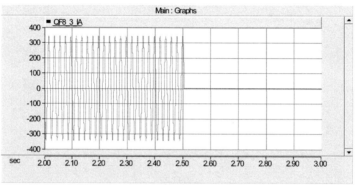

(b) L31

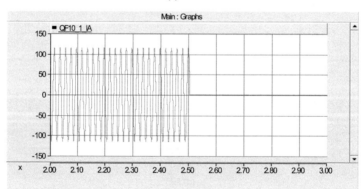

(c) L32

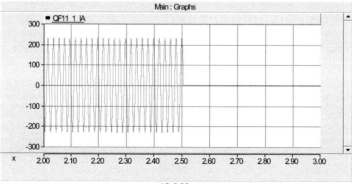

(d) L33

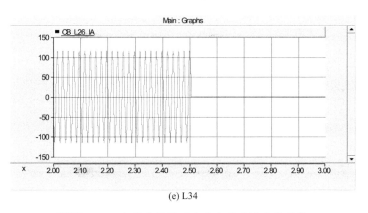

(e) L34

附图 A3　3 个节点移除后失电负载电流变化趋势

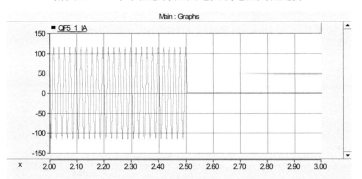

(a) L11

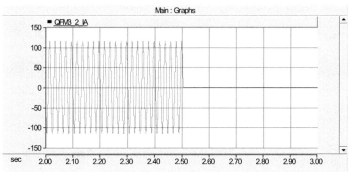

(b) L12

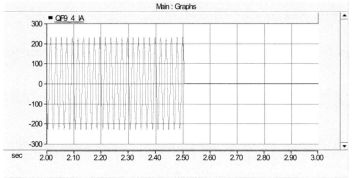

(c) L35

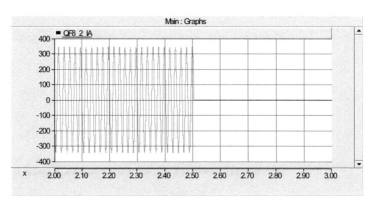

(d) L41

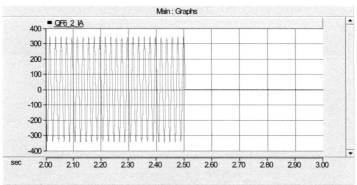

(e) L42

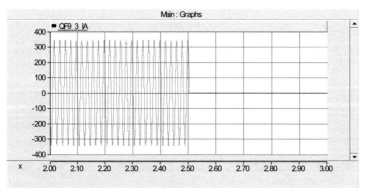

(f) L43

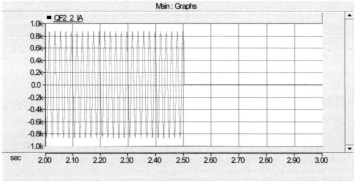

(g) L44

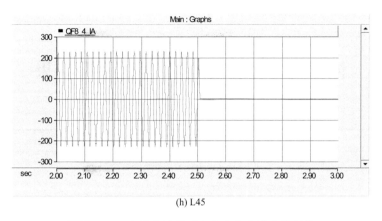

(h) L45

附图 A4　4 个节点移除后失电负载电流变化趋势

附录 B 节点指标归一化处理结果

节点编号	归一化度数	归一化介数	归一化最大连通子图规模	归一化可靠度
1	0	0	0	1
2	0	0	0	1
3	0	0	0	1
4	0	0	0	1
5	0.142 857 143	0.059 792 81	0.1	0.492 957 746
6	0.142 857 143	0.059 792 81	0.1	0.492 957 746
7	0.142 857 143	0.059 792 81	0.1	0.492 957 746
8	0.142 857 143	0.059 792 81	0.1	0.492 957 746
9	0.142 857 143	0.431 968 3	0	0.507 042 254
10	0.142 857 143	0.431 968 3	0	0.507 042 254
11	0.142 857 143	0.431 968 3	0	0.507 042 254
12	0.142 857 143	0.431 968 3	0	0.507 042 254
13	0.142 857 143	0.151 428 77	0	0.323 943 662
14	0.142 857 143	0.389 348 54	0.7	0.323 943 662
15	0.142 857 143	0.040 186 33	0	0.323 943 662
16	0.142 857 143	0.059 792 81	0.1	0.323 943 662
17	0.142 857 143	0.059 792 81	0.1	0.323 943 662
18	0.142 857 143	0.175 206 84	0.3	0.323 943 662
19	0.142 857 143	0.059 792 81	0.1	0.323 943 662
20	0.142 857 143	0.059 792 81	0.1	0.323 943 662
21	0.142 857 143	0.151 428 77	0	0.323 943 662
22	0.142 857 143	0.389 348 54	0.7	0.323 943 662
23	0.142 857 143	0.040 186 33	0	0.323 943 662
24	0.142 857 143	0.059 792 81	0.1	0.323 943 662
25	0.142 857 143	0.059 792 81	0.1	0.323 943 662
26	0.142 857 143	0.175 206 84	0.3	0.323 943 662
27	0.142 857 143	0.059 792 81	0.1	0.323 943 662
28	0.142 857 143	0.059 792 81	0.1	0.323 943 662
29	0.142 857 143	0.151 428 77	0	0.323 943 662
30	0.142 857 143	0.389 348 54	0.7	0.323 943 662
31	0.142 857 143	0.040 186 33	0	0.323 943 662
32	0.142 857 143	0.059 792 81	0.1	0.323 943 662
33	0.142 857 143	0.059 792 81	0.1	0.323 943 662
34	0.142 857 143	0.175 206 84	0.3	0.323 943 662

续表

节点编号	归一化度数	归一化介数	归一化最大连通子图规模	归一化可靠度
35	0.142 857 143	0.059 792 81	0.1	0.323 943 662
36	0.142 857 143	0.059 792 81	0.1	0.323 943 662
37	0.142 857 143	0.151 428 77	0	0.323 943 662
38	0.142 857 143	0.389 348 54	0.7	0.323 943 662
39	0.142 857 143	0.040 186 33	0	0.323 943 662
40	0.142 857 143	0.059 792 81	0.1	0.323 943 662
41	0.142 857 143	0.059 792 81	0.1	0.323 943 662
42	0.142 857 143	0.175 206 84	0.3	0.323 943 662
43	0.142 857 143	0.059 792 81	0.1	0.323 943 662
44	0.142 857 143	0.059 792 81	0.1	0.323 943 662
45	0.142 857 143	0.040 186 33	0	0.323 943 662
46	0.142 857 143	0.040 186 33	0	0.323 943 662
47	0.142 857 143	0.040 186 33	0	0.323 943 662
48	0.142 857 143	0.040 186 33	0	0.323 943 662
49	0.142 857 143	0.151 428 77	0	0.323 943 662
50	0.142 857 143	0.151 428 77	0	0.323 943 662
51	0.142 857 143	0.151 428 77	0	0.323 943 662
52	0.142 857 143	0.151 428 77	0	0.323 943 662
53	1	1	1	0.239 436 62
54	0.428 571 429	0.255 579 5	0.4	0.239 436 62
55	0.285 714 286	0.343 461 03	0.6	0.239 436 62
56	0.142 857 143	0.118 195 09	0.2	0.239 436 62
57	1	1	1	0.239 436 62
58	0.428 571 429	0.255 579 5	0.4	0.239 436 62
59	0.285 714 286	0.343 461 03	0.6	0.239 436 62
60	0.142 857 143	0.118 195 09	0.2	0.239 436 62
61	1	1	1	0.239 436 62
62	0.428 571 429	0.255 579 5	0.4	0.239 436 62
63	0.285 714 286	0.343 461 03	0.6	0.239 436 62
64	0.142 857 143	0.118 195 09	0.2	0.239 436 62
65	1	1	1	0.239 436 62
66	0.428 571 429	0.255 579 5	0.4	0.239 436 62
67	0.285 714 286	0.343 461 03	0.6	0.239 436 62
68	0.142 857 143	0.118 195 09	0.2	0.239 436 62
69	0	0	0	0
70	0	0	0	0
71	0	0	0	0
72	0	0	0	0
73	0.142 857 143	0.021 970 38	0	0

节点编号	归一化度数	归一化介数	归一化最大连通子图规模	归一化可靠度
74	0	0	0	0
75	0	0	0	0
76	0	0	0	0
77	0	0	0	0
78	0.142 857 143	0.021 970 38	0	0
79	0	0	0	0
80	0	0	0	0
81	0	0	0	0
82	0	0	0	0
83	0.142 857 143	0.021 970 38	0	0
84	0	0	0	0
85	0	0	0	0
86	0	0	0	0
87	0	0	0	0
88	0.142 857 143	0.021 970 38	0	0

附录 C 分配电中心连接负载的网络拓扑结构图

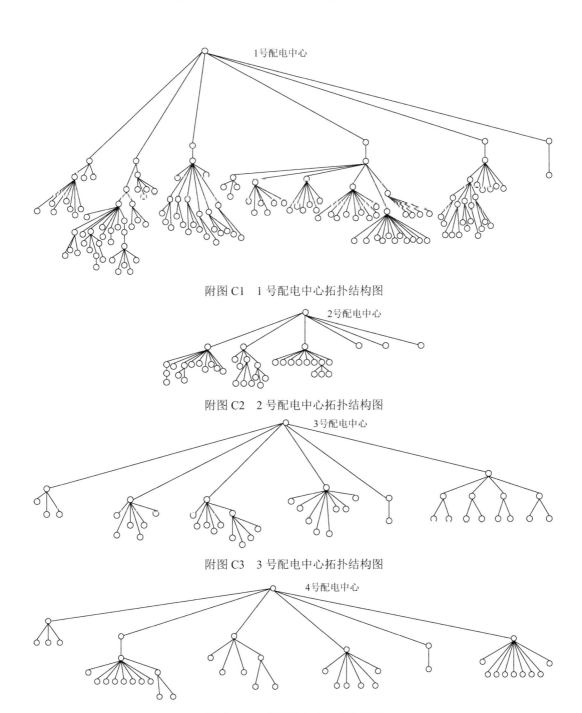

附图 C1 1 号配电中心拓扑结构图

附图 C2 2 号配电中心拓扑结构图

附图 C3 3 号配电中心拓扑结构图

附图 C4 4 号配电中心拓扑结构图

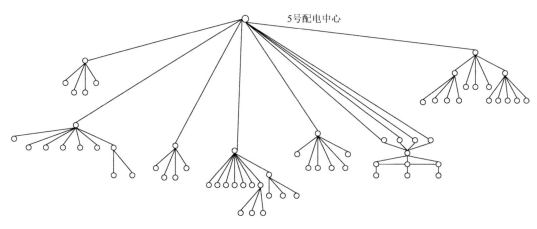

附图 C5　5 号配电中心拓扑结构图

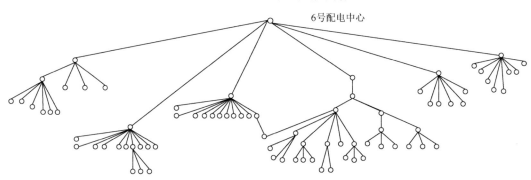

附图 C6　6 号配电中心拓扑结构图

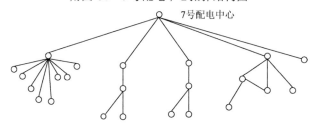

附图 C7　7 号配电中心拓扑结构图

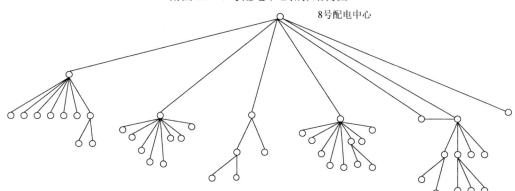

附图 C8　8 号配电中心拓扑结构图

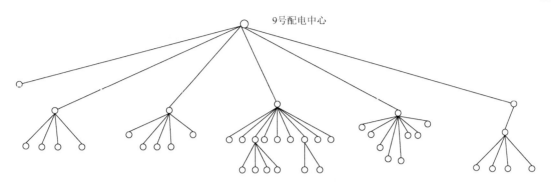

附图 C9　9 号配电中心拓扑结构图

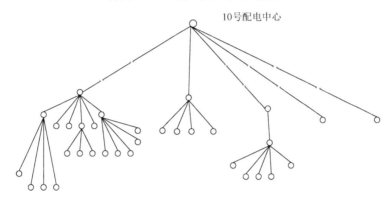

附图 C10　10 号配电中心拓扑结构图

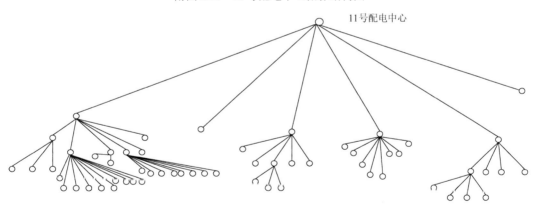

附图 C11　11 号配电中心拓扑结构图

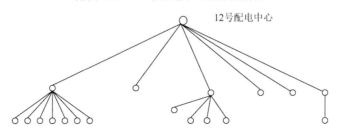

附图 C12　12 号配电中心拓扑结构图

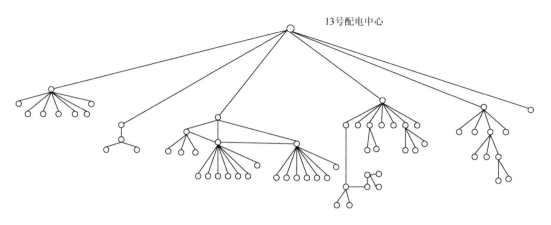

附图 C13　13 号配电中心拓扑结构图

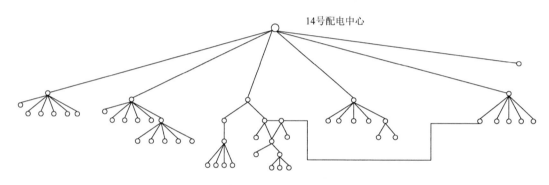

附图 C14　14 号配电中心拓扑结构图

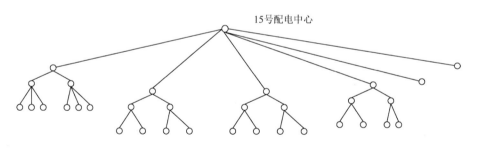

附图 C15　15 号配电中心拓扑结构图

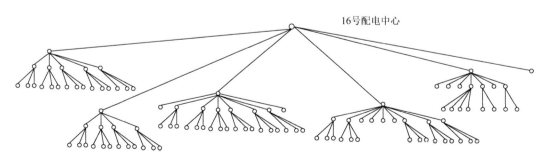

附图 C16　16 号配电中心拓扑结构图

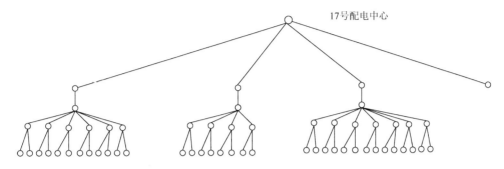

附图 C17 17 号配电中心拓扑结构图

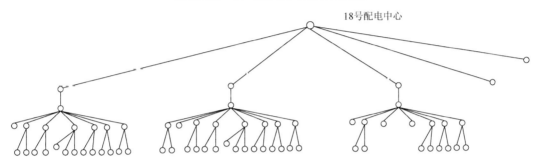

附图 C18 18 号配电中心拓扑结构图

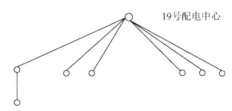

附图 C19 19 号配电中心拓扑结构图